Heynitz: Wege zur Hygienischen Eurythmie

Sigismund von Heynitz

Wege zur Hygienischen Eurythmie

Verlag Ch. Möllmann

Dieses Buch wurde gedruckt mit einem Risograph FR
auf chlor- und säurefreiem Werkdruckpapier „Demeter“ von Geese

Die Zeichnung auf der Umschlagrückseite ist entnommen aus den
Weleda-Nachrichten.
Abdruck mit freundlicher Genehmigung der Weleda AG.

Einbandgestaltung vom Verfasser.

Siebte Auflage 2007

Schloss Hamborn 94, D-33178 Borchen
Textverarbeitung: Publizistische Dienstleistungen
Tel.0 52 51 / 2 72 80
Fax: 0 52 51 / 2 72 56
www.chmoellmann.de
Herstellung: Verlag Ch. Möllmann (Inhalt),
Druckerei Möhring & Droll, Lichtenau (Umschlag),

ISBN 978-3-931156-02-2

Als höchstes Wunder,
das der Geist vollbrachte,
preis' ich die Sprache ...

Fr. Hebbel

Inhaltsangabe

I Wege zur Hygienischen Eurythmie

Vorrede

Diese Studie möchte eine Anregung sein, sich mit Eurythmie näher zu beschäftigen, damit sie gegebenenfalls zu einem Begleiter werden kann durch das Auf und Ab unseres Lebens. Sie fußt auf langjährigen Erfahrungen, die ich als Arzt auf diesem Felde machen konnte. Es ist mir ein Bedürfnis, davon etwas mitzuteilen, da ich glaube, daß wir von verschiedenen Seiten heute dieses Thema unbedingt aufgreifen sollten, denn „es ist an der Zeit". Eurythmie kann zu einer starken Lebenshilfe werden.

Es gibt heute ein Riesenangebot auf dem Gebiet der Bewegung – auch als Heilkunst, weil der moderne Mensch danach sucht. Was Eurythmie anzubieten vermag, geht einen Schritt weiter als das, was wir kennen. Sie will umfassend den ganzen Menschen nach Leib, Seele und Geist hineinstellen in das, was wir „sichtbare Sprache" oder „sichtbaren Gesang" nennen. Rudolf Steiner entwarf dazu die Voraussetzungen bis in alle Einzelheiten hinein in 12jähriger Arbeit. Er erhoffte sich sehr viel von dieser neuen Kunst, sogar einen echten Kultureinschlag als Willensimpuls. Wir sind heute nach 80 Jahren noch sehr weit von diesem Ziel entfernt, aber wir sollten uns nicht davon abbringen lassen, diese Ideen weiter zu verfolgen.

Vom Persönlichen her sei nur kurz erwähnt, daß ich seit dem Ruhestand vor zehn Jahren die Gelegenheit bekam, sowohl über das Sanatorium Schloß Hamborn wie auch an verschiedenen Orten Eurythmie im Sinne des hygienischen Impulses weiterzugeben. Es nehmen an diesen Kursen meist zehn bis 20 Menschen teil. Auch für sie sollen diese Zeilen eine Art *Erinnerung* sein. Ein gütiges Schicksal wollte es, daß ich bei Dr. Kirchner-Bockholt im Jahre 1947/48 die Grundlagen für die Heileurythmie erhalten konnte. Seitdem war es mir möglich, dieses Geschenk mit meiner ärztlichen Arbeit zu verbinden.

Zur Einführung

Betrachten wir die Eurythmie mit ihren vielfältigen Möglichkeiten, so wird uns eines sehr schnell deutlich: Hier handelt es sich um etwas vollkommen Neues. Eurythmie ist „sichtbare Sprache“ oder „sichtbarer Gesang“. Rudolf Steiner entwickelte sie von 1912 an, und von den ersten Unterweisungen an Lory Smits werden wir sogleich etwas bringen, gleichsam aus der Werkstatt, damit wir uns besser einleben können in das, was mit der Eurythmie ins Leben trat.

Worum es sich aber hier im speziellen handelt, ist das Thema „Hygienische Eurythmie“. Es ist ein sehr weiter Bereich damit angesprochen, ein Gebiet der Eurythmie, das noch, so meine ich, vor seiner Erschließung steht.

Die Wege, die wir gehen wollen, sollen ganz freilassend sein, und es wird sich hoffentlich am Ende meiner Arbeit herausstellen, ob sie überhaupt ihr Ziel erreicht haben.

Wir stehen vor der Eurythmie als sichtbarer Sprache wie vor einem Neuland. Diese neue Kunst vermag zunächst noch nicht unser volles Darinnenstehen zu bewirken. Dennoch gibt es nichts, was uns so nah sein kann, so innerlich wahr erlebbar wird. Und in nicht gar so ferner Zeit kann es sein, daß viele Menschen beginnen, täglich mit ihr umzugehen. Was will die Eurythmie von uns? Zunächst gar nichts anderes als Offenheit! Es ist echte Hingabe, was erforderlich ist. Ein innerliches Lauschen, das Erlebnis des Wortes im Inneren, führt uns hin zur Lautbewegung. Sie ist ja etwas, was uns über uns hinausführt. Wir müssen uns eingestehen, daß wir immerfort mit etwas umgehen, um dessen wahren Inhalt wir uns viel zu wenig bemühen. Die Sprache kommt von einer sehr hohen Sphäre! Sie wird in uns geboren und steht doch weit über uns. Indem sie uns ergreift, werden wir umgewandelt, auch dann, wenn wir es nicht wissen. Unser Gedankenleben kleidet sich in dieses Gewand. Beide sind Verwandte. Die Sprache will uns etwas wiederbringen, was wir einst verloren haben: Es ist die Verbindung mit dem Göttlichen. Stellen wir uns einmal vor, daß wir, eventuell nach einer Krankheit, wo uns das Sprechen versagt war, plötzlich wieder sprechen durften. Die Helligkeit unseres Wesens würde sofort aufleuchten! Es ist bekannt, was nur ganz wenige Worte in besonderen Situationen bewirken können, zum Beispiel das Wort *danke*. So möchten wir von hier aus auch ein wenig das Phänomen dieser neuen Kunst zu verstehen suchen.

Ein anderer Weg ist die **Bewegung** als solche. Die Ruhe einer Bewegungsführung, die Weite ihres Ansatzes, kann etwas Überwältigendes haben. Wir haben diese Sprache heute fast ganz verloren. Zurück blieb ein ganz kümmerliches Gefühl, etwas vom rein Persönlichen! Doch hat eine echte große Bewegung gar nichts mit dem eng Persönlichen zu tun. Im Gegenteil. Es gibt nichts, was uns so stark über uns selbst hinauszuheben vermag wie die Bewegungskunst. Auch die kleinste Gebärde in der Eurythmie kann ein tiefes Geheimnis in sich tragen. Dies gilt es zu entdecken.

Ein Blick auf den Ursprung der Eurythmie im Jahre 1912

Es ist sehr hilfreich und interessant, einen Blick in die Werkstatt Rudolf Steiners zu tun. Er vermittelte seiner ersten Schülerin, Lory Smits, den Zugang zu dieser neuen Kunst. Ich kann hier nicht auf alle Einzelheiten eingehen. Kürzlich ist ein Büchlein darüber erschienen von Magdalene Siegloch: *Lory Maier-Smits*. Das ist sehr lesenswert (1).

Was in den ersten Stunden an Einzelheiten vermittelt wurde, ist unermeßlich viel. Als sollte gleich von Anfang an das Bedeutsame dieser neuen Kunst zum Ausdruck kommen. Ich möchte einen Satz hervorheben, der mir wichtig erscheint: „Diese neue Bewegungskunst kann nur jemand ausführen, der anerkennt und in der Überzeugung lebt, daß der Mensch aus Leib, Seele und Geist besteht." Erst allmählich kann einem aufgehen, warum dies am Anfang mit starker Betonung so formuliert wurde.

Die Welt der Vokale und die der Konsonanten wurde dargestellt, und wie das auf die Schülerin wirkte, darüber schreibt sie sehr ergreifend: „Rudolf Steiner stellte das ganze Gebiet des Vokalischen dar, zeigte, wie die Seele ihr ureigenstes Wesen ausspricht – die von Fremdheit und Staunen ergriffene, die im hellsten Selbstbewußtsein sich erlebende, die in liebevoller Bewunderung sich hinneigende Seele. Und dann stellt er entgegen drei Konsonanten. Deutlicher und eindringlicher könnte der Unterschied nicht sein: Er gibt uns einfach ein Stück Außenwelt in die Hand – und wie ausgelöscht ist alles vorige, unsere ganze Aufmerksamkeit richtet sich auf dieses Stück Außenwelt! Ihr müssen wir uns anpassen, einem gänzlich anderen Geschehen müssen wir uns hingeben, nachahmend, nachblickend, nachgestaltend, was da draußen ist. Gefühlswärme und innere Wahrhaftigkeit müssen wir entwickeln, wenn wir vokalisieren. Geschickt, geistvoll, einfallsreich müssen wir sein, wenn wir konsonantieren."
In diesen wenigen Sätzen ist alles zusammengefaßt, was wir über die Lautzusammenhänge wissen müssen.
Wie im Keimesstadium tragen diese ersten Unterweisungen alles Folgende schon in sich, und wir können nur innerlich hinlauschen auf jene Klänge aus dieser ersten Zeit.

Die Sprache der Laute

Zum „A"

Wir gehen vom A aus im Alphabet und meinen, etwas von seinem inneren Klang zu spüren. Es ist nicht nur Verwunderung, sondern seine Tiefe verrät auch etwas von dem Unerlösten in uns. Tore öffnen sich in unbekannte Welten. A klingt groß und weit. Worauf weist es hin? In „Tag" und „Nacht", „Vater", im „Amen", in „Adam", gib „acht", im „Halleluja" steht das A an entscheidender Stelle. Als wollte eine Welt aufbrechen in diesem Laut, die Welt des Anfanges, der Urbeginns.

Ich zitiere Rudolf Steiner (2): „Nun beginnen wir einmal bei demjenigen, was sozusagen am intimsten dem Menschen angehört, wovon man sagte in Griechenland, daß der Mensch es erlebt, wenn er vor den Rätseln des Daseins steht: so daß die Philosophie, die Liebe zur Weisheit, allein ausgehen kann von der Verwunderung, von dem Erstaunen (...) Der Mensch kann gerade dasjenige, was ihn an sich selbst in **Verwunderung** versetzt, nur von verschiedenen Richtungen des Himmels her empfinden (...) Stellen Sie ein ‚A' dar. Das ‚A' besteht im wesentlichen darinnen, daß Sie eben diese zwei Richtungen mit den Händen und durch die Hände mit den Armen erfassen. Das A besteht also nicht darinnen, daß Sie einen Schwung machen, sondern Sie stellen sich vor, Sie selbst als Mensch sind von zwei verschiedenen Richtungen im Weltenall herein – ja, sagen wir – geschaffen, bestimmt, determiniert, und sie greifen nach diesen zwei Richtungen hin. In diesem Greifen nach diesen beiden Richtungen liegt das A für sich.
Also das A für sich besteht im wesentlichen darinnen, daß man sich gewissermaßen sagt: Du Mensch, du bist aus zwei verschiedenen Punkten des Weltenalls. Du streckst die Arme dahin, um diese zwei Richtungen zu erfassen. Jetzt erfaßt du das, woraus du stammst. Du fühlst wie diese Kräfte durch deine Arme strömen, wie sie in deiner Brust zusammenströmen. – Dann hast du das ‚A'."

Zum „E"

„Wir haben vom E gesagt, es bedeute so ungefähr: Mir hat etwas was getan, aber ich halte mich dagegen aufrecht. Man läßt sich nicht anfechten durch etwas, was einem geschieht. – Was liegt in diesem Erlebnis? In diesem Erlebnis liegt eigentlich das Entgegengesetzte des A-Erlebnisses. Das A-Erlebnis erlebt eben den Menschen aus dem Kosmos heraus. Das E-Erlebnis hat schon etwas hinter sich. Es ist etwas geschehen, und das Nachstadium des Geschehens erlebt man in der Gebärde (...) Und indem ein Glied des Menschen das andere berührt, bedeutet es: das Sich-aufrecht-

Erhalten gegen das Geschehen. Das Berühren ist die Nachahmung, daß einem etwas geschehen ist; das Halten in der Kreuzesform ist dann das Sich-aufrecht-Erhalten.
Das A-Erlebnis in der Gebärde setzt voraus, daß Sie in ihrem Bewußtsein die Muskelstreckung erfassen; Sie müssen also den gestreckten Muskel erfassen. Das E-Erlebnis setzt voraus, daß Sie das Ruhen des einen Armes auf den anderen erfassen, daß Sie also hier an dieser Stelle (Kreuzung) das hauptsächliche Erlebnis haben. Also nicht das Strecken der Muskeln ist beim E-Erlebnis die Hauptsache, sondern das Ruhen des einen Armes auf dem anderen oder das Andrücken. Man kann ja das E auch so machen, daß man das rechte Bein über das linke stellt und andrückt: Dann spüren Sie die E-Bewegung, das E-Erlebnis."

Zum „O"

„Das A ist reine Verwunderung, reines Erstaunen. Das ‚O' ist ein verständnisvolles Sich-Stellen gegen dasjenige, was schon auch zunächst Erstaunen hervorruft; aber das O bringt uns schon in ein intimeres Verhältnis zu demjenigen, was wir anfassen. Nun können Sie ja am reinsten sich das vorstellen, wenn Sie, sagen wir, Liebe zu einem Wesen haben und dieses Wesen mit den Armen umfassen; dann bekommen Sie die naturgemäße Gebärde der O-Bewegung heraus."

Zum „I"

„Nun haben wir denjenigen Laut, der noch mehr an den Menschen herankommt als das E, der sozusagen ganz und gar Selbstbehauptung des Menschen darstellt, das ist das ‚I'. Es ist die reinste Selbstbehauptung. Und ich habe ja öfter aufmerksam darauf gemacht, daß in der gebildeten Umgangssprache wir das ‚ich' haben; da haben wir die Selbstbehauptung in dem I zunächst und fügen hinzu einen Hauch, wodurch wir andeuten: Wir sind ein in Atem-Bestehendes (...) Beim I gehen wir vom Zentrum nach auswärts und fühlen nun nicht, wie wenn wir etwas ergreifen würden, sondern wir fühlen das Strecken, wir fühlen den Zug von uns ausgehend, vom Herzen hinaus durch den Arm und durch die beiden Arme oder durch die Beine. Die Arme müssen sich so ausnehmen, daß sie die Verlängerung von einander werden. Aber es genügt ein Arm auch."

Zum „U"

„Dann haben wir das ‚U'. Das ist nicht Selbstbehauptung, das ist im Gegenteil: sich klein fühlen, sich erkältet, versteift fühlen, ein Sich-Zurückziehen, ein An-sich-Halten (...) Ein U ist es z. B. auch, wenn man sich hinstellt und die Beine aneinanderdrückt." (Näheres zum U im Schlußkapitel.)

Zu den **Konsonanten** führte Rudolf Steiner folgendes aus:

„***Das B:*** ist alles dasjenige, was umhüllt, was um eine Sache ist, Schutzgebärde (...) Sie werden wirklich fühlen müssen, daß Sie hier etwas halten (im Hohlraum).
Das C: deutet das Leichtsein an, daß ein Materielles durch das Geistige überwunden werden kann.
Das CH: aufnehmen, durchatmen, Hauch, sich erfüllen mit Geistigkeit.
Das D: ist Hindeuten, Hinstrahlen.
Das F: Es kann einem zum Verständnis die Redensart zu Hilfe kommen: ‚er kennt die Sache aus dem effeff.' Es ist eigentlich so, daß das F nicht ganz genau, aber annähernd gefühlt werden kann als: ‚Ich weiß'.
Das G: Im G lebt ein sanftes Abweisen; man ahnt etwas, was herannaht, was nicht sympathisch ist. Es befestigt sich die Seele in sich. Raum schaffen für Geistiges.
Das H: steht mitten drinnen zwischen dem Konsonantischen und dem Vokalischen. Es ist das bei allem der Fall, was in einer gewis-

sen Beziehung mit dem Atmen in Beziehung steht. H bedeutet das Heranwehende.

Das L: Sie fühlen das Schöpferische, das Formende, indem Sie ein L lauten lassen, Gestaltendes, die Materie überwindend. Formkraft, freie Entfaltbarkeit, überwinden, beruhigen, das in sich Bewegte.

Das M: jener Laut, der in so großartiger Weise schließt das heilige Wort Indiens: Aum; M, dasjenige, was alles versteht, was so hinübergeht im Atem, daß es sich allem anschmiegt und alles versteht. Es ist im Einklang, es stimmt. Es schmiegt sich an, wie das M am Ende des Wortes Leim.

Das R: ist das Wälzende, Drehende, Rollende. So muß es gedacht, angeschaut werden.

Das Sch: ist das Wegblasende, das Vorbeiblasende; wie ‚rasch'.

Das S: Man empfindet die Sicherheit, in das verborgene Wesen von irgend etwas beruhigend einzugreifen. Das S beruhigt das Bewegte. Namentlich liegt es in der Beziehung, die entsteht im Bewegen; in der Beziehung zwischen den beiden Armen. Im S-Laut wird etwas mit Beherrschung abgelenkt. Das Schlangensymbol erinnert an die S-Bildung (Merkurstab). Im alten Mysterienwesen wurde im S etwas Zauberhaftes gesehen.

Das T: bedeutsam von oben nach unten strahlen, vom Himmel auf die Erde. TAO: Sie wissen vielleicht, daß man dem TAO, T, eine tiefe Ehrfurcht entgegenbringt, wenn man versteht, was darinnen lebt. Dieses TAO, T, ist eigentlich das, unter dem man sich vorzustellen hat, daß es darstellt das Gewichtige, sogar das Schöpferische."

Schließen wir zwei Laute zusammen oder mehrere, so entsteht zwischen diesen das Entscheidende, im Übergang. Es ist sehr interessant zu betrachten z. B. bei L – M oder bei H – M oder auch L – A. Da kommt in mir deutlich etwas in Bewegung! Es geschieht dasselbe wie bei der Musik zwischen den Tönen. Zunächst trägt mich die einzelne Lautgestalt. Dann erst kann das Zweite folgen im Zusammenklang. Das dem Atem Verwandte im Lauterleben ist sicherlich sehr wichtig.

Der Sprachforscher Ernst Moll stellte einmal das A dem I gegenüber; es ist „der Übergang vom Göttlichen zum Menschen, von den Asen zum Ich. Das Verhältnis vom A zum I ist die Entsprechung zwischen dem A des archaischen Anfangs und dem I des initiativen Beginnens (...) A ist der göttliche, I der gottmenschliche Urbeginn" (3).
Wir stehen im Grunde vor der großen Schwierigkeit, die Bewegung, die im Worte liegt, im einzelnen Buchstaben, so nachzuempfinden, daß sie in uns nicht nur nachschwingt, sondern durch Eigenaktivität impulsiert wird. Wir können nur langsam innere Barrieren abbauen. Das kann eigentlich nur durch geduldiges Üben geschehen! Allerdings kommt eines hinzu: Wie das Schwimmen im Wasser, wo der Körper sich anpaßt an die Bewegungen, so muß es auch geistig in unserem Zusammenhang sein. Eine gewisse innere Elastizität können wir uns erwerben, um in das Lauterleben einsteigen zu können. Durch Sprechen von Gedichten, die wir lieben, kann das z. B. geschehen. Aber auch das innere Nachvollziehen von Lautfolgen, wie die Vokalreihe, führt weiter. In plastische Lebensprozesse eintauchen, wie beim Pflanzenwachstum, kann uns ebenfalls eine Hilfe sein.
So werden wir eintreten in einzelne Übungen und sie zu verstehen suchen in ihrem jeweiligen Charakter. Zuvor müssen wir aber noch die Organisation des Menschen als Ganzes betrachten.

Der Mensch als Raumeswesen

Die Seele und mit ihr das Ich des Menschen erheben sich über den physischen Raumesmenschen, sie sind aber dennoch gleichsam mit ihm verschwistert. Dieses Verhältnis ist für uns sehr interessant, denn sehr viele Krisen in unserem Leben haben hier ihren Ursprung. Weil diese Gegebenheit so fundamental ist, wollen wir näher darauf eingehen.
Ich zitiere Rudolf Steiner (4): „Unser Ich-Bewußtsein haben wir dadurch, daß wir im physischen Leib untergetaucht sind. Dieses

Ich-Bewußtsein im wachen Erdenzustand müssen wir uns nur seinem Wesen nach ganz klarmachen. Sie können es sich am besten so klar machen: Denken Sie sich, Sie bewegen sich durch einen Raum; Sie spüren nichts; jetzt stoßen Sie sich an etwas. Die Außenwelt stößt an Sie, aber Sie werden sich gewahr.
Sie werden sich an der Außenwelt gewahr; Sie spüren sich, der an die Außenwelt anstößt. – In der Tat haben wir unser Ich-Bewußtsein in der physischen Welt dadurch, daß wir überall an die Außenwelt stoßen. Natürlich nicht nur mit dem Tastsinn, sondern wenn wir die Augen aufmachen, stoßen wir auch an, d. h., wir stoßen auf das äußere Licht; wenn Töne an unser Ohr dringen, so werden wir uns gewahr, indem unser Gehör an die Töne anstößt.
So aber werden wir uns auch selbst gewahr dadurch, daß wir jeden Morgen aus der geistigen Welt herauskommen und untertauchen in die physische Welt. Wir tauchen in unseren physischen Leib unter: Dieses Untertauchen in unseren Leib, d. h. dieses Zusammenstoßen unseres Ich und Astralleibes mit dem Ätherleib und physischen Leibe, das erzeugt unser Ich-Bewußtsein. Daher in der Regel das Fehlen des Ich-Bewußtseins in der Traumeswelt: weil wir zum Ich-Bewußtsein eben dieses Zusammenstoßen mit dem physischen Leibe und dem Ätherleibe brauchen (...) Zum klaren, deutlichen, wachen Ich-Bewußtsein brauchen wir dieses Zusammenstoßen."
Hiermit ist eigentlich alles gesagt. Das Ich ist der Kern unseres Astralleibes, unserer Seele. Wo wir uns auch in der Eurythmie bemühen, immer werden wir diese Verhältnisse im Auge haben. Ich darf an den zitierten Satz erinnern, daß der Eurythmist in der Überzeugung leben muß, daß der Mensch aus Leib, Seele und Geist besteht.

Die Aufrechte und das Denken

Die aufrechte Haltung ist uns das Selbstverständlichste von der Welt, und doch sollten wir uns eingestehen, daß diese Grundgeste unseres Lebens doch keineswegs eine Selbstverständlichkeit sein kann. Wir lesen in der Theosophie Rudolf Steiners: „Der ganze Leib des Menschen ist so gebildet, daß er in dem Geistesorgan, im Gehirn, seine Krönung findet." Armin Husemann formuliert diese Zusammenhänge so: „Funktionell ist das Licht des Denkens, das in der Hauptesorganisation leuchtet, die Bedingung für die Aufrichtung der Gestalt. Sehen wir einen senkrecht stehenden Menschen, dann wissen wir durch diese Wahrnehmung unmittelbar, daß er wach, und das heißt denkend tätig ist (...) In der Aufrichtung werden wir des Willens-Anteils äußerlich ansichtig, der im Denken lebt. Das Denken tritt beim Menschen an die Stelle der Vordergliedmaßen des Tieres. Die Bewegung, die sein Erscheinen vorbereitet, drängt die leibliche Organisation aus der Schwere heraus in die Aufrichtung – und setzt sich selbst funktionell an die Stelle der Organe, die beim nicht denkenden Tier die Gestalt stützen. So können wir den Vergleich der Fußtätigkeit mit der Kopftätigkeit zusammenfassen: Die Füße sind die physische Grundlage, das Haupt ist die geistige Grundlage der aufrechten Gestalt" (5).
Aus diesen Fragestellungen geht hervor, welchen Kräften wir unsere Aufrechte verdanken, und es erschließt sich uns der ganze obere Mensch von einem neuen Aspekt. Letzten Endes streben wir auf dem Weg der Eurythmie die Wachheit unseres Bewußtseins an. Peripherie und Zentrum, Gliedmaßen und Kopf, stehen sich gegenüber und befruchten sich gegenseitig. Wir erfahren, daß über die Objektivität der Lautgestaltungen Kräfte einfließen in den Organismus, die den Denkkräften unmittelbar verwandt sind. In der Ausübung der Eurythmie entsteht eine geistgetragene Wirklichkeit. In ihrer Formensprache wird das Denken wesenhaft. Wir erblicken in diesen Zusammenhängen einen Zukunftsimpuls für das menschliche Leben, gleichsam vom Zentrum aus. Und es ist das Schöne und auch Heilsame, daß schon in den kleinsten Schritten die fer-

nen, großen Ziele anwesend sein können. Sicherlich gilt für die Eurythmie ganz besonders der Satz: „Man sieht nur mit dem Herzen gut."

Der gehende Mensch

Das Bild des gehenden Menschen hat eine besondere Ausstrahlung, wohl weil Sicherheit, Kontinuität, die Aufrechte darin leben. Es ist auch einfach schön, einen Menschen in seiner Geschlossenheit, in seinem steten Vorwärtsschreiten zu verfolgen. Vergangenes hinter sich lassend, strebt er neuen Ufern zu. Eine Fußspur im Sand, die langsam verweht, wer denkt nicht an solche Bilder! Wir graben eine Schrift ein in die Erde, wenn wir sie gehend berühren. Bezeichnenderweise sprechen wir auch vom Mutterboden oder von Heimaterde. Hedwig Distel hat eines ihrer schönsten Gedichte diesem Gebiet gewidmet:

Erde, ich spüre dich
leise berühr' ich dich
dulde den Menschenfuß
fühl' meinen Liebesgruß
trägst mich mit jedem Schritt
nimmst meine Last noch mit
schenkst mir die Heimat hier
Erde, ich danke dir.

(zum dreiteiligen Schreiten)

Das Gehen ist kein einfacher Vorgang: einmal das Ziel im Auge haben, die Gerade. Dann das Rechts – Links. Eine Seite trägt die andere. Und schließlich die drei Phasen, welche das Schreiten ausmachen: das Heben des Fußes, das Tragen nach vorn und schließlich das Aufsetzen. In jedem dieser drei Momente liegt eine ganze Welt verborgen. Im Anheben der Ferse, dem Willensimpuls, liegt der Anstoß, aus der Erde heraus sich zu heben. Diese Bewegung führt uns weiter. Es hat nun eine Entwicklung begonnen. Im Tragen des Fußes nach vorn suchen wir den Weg. Zukünftiges lebt darin, was wir kaum bemerken. Und schließlich die dritte Phase: Wir setzen auf. Es liegt sehr viel in diesem Bild der Tat, der Vollendung einer, wenn auch noch so kleinen Wegstrecke. Und nun beginnt der Weg von vorn im steten rhythmischen Wechsel. Es ist das Bild deshalb so ergreifend, weil in ihm unser ganzes Leben sich gleichsam spiegelt. Immer müssen wir diese drei Phasen durchmachen vom Entschluß bis schließlich hin zur Tat. Und wie oft versagen wir auf dieser Strecke!

Das für uns bedeutsame ist ja dies, daß wir im großen Zusammenhang aller Bewegungselemente dem Gehen einen ganz besonderen Platz einräumen müssen. Wie viele gebräuchliche uralte Worte sprechen davon: Halte Schritt, gehe nicht aus der Bahn, der Schritt ins Leben, sein letzter Gang, fasse Fuß, schrittweise etwas tun, ich gehe meinen Weg usw.

Was nun auch dazugehört, ist die Tatsache, daß die Haut der Fußsohle die empfindlichste ist überhaupt. Auch zur Diagnostik bietet sich dieser Bereich an. Also heißt es umdenken und den Geheimnissen des Stehens und Gehens nachlauschen.

Wir werden auch innerhalb der Hygienischen Eurythmie die Aufgabe haben, gerade älteren Menschen hier zu helfen, denn wie oft stellt sich im Alter ein Sturz ein! Es geht eben um ein fundamentales, sehr weitreichendes Geschehen.

Das Gehen in allen Raumesrichtungen, das Laufen verschiedener Formen, besonders der Vor- und Rückwärtsgang, werden uns interessieren. Immer bedeutet es eine innere Umkehr, wenn ich die Richtung wechsle, insofern kommt dieser Bewegung auch eine besondere Anregung zu. An sich ist es ja bekannt, was ein guter Spaziergang bewirken kann. Man wird aber auch auf kleinem Raum sehr viel tun können. Es gilt, das muß hier unbedingt erwähnt werden, im Tempo zu wechseln. Von langsam auf schnell zu steigern und dann wieder zurückzukehren wirkt schon therapeutisch. Das ist leicht auszuprobieren. Die Grundregel lautet: Richtungs-, Tempo- und Rhythmuswechsel regen die Lebenskräfte an.

Im Stehen und Gehen lebt lebendig der Gleichgewichtszustand, das dem Menschen eingeschriebene Gesetz alles irdischen Lebens. Gleichnishaft, so dürfen wir sagen, von unten wie von oben getragen, erfüllt sich das Schicksal der Erdverbundenheit des Menschen. Dem symmetrischen Körperbau ist es eingeschrieben wie auch im seelischen Bereich den Sinnesempfindungen. „Der Mensch im Gleichgewicht seiner Kräfte." Immer werden wir verwiesen auf diese Urgesetzlichkeit, auf das Bestehen einer Weltenkraft, die von uns Menschen in jeglicher Beziehung eine Wegsuche fordert. Streben wir einseitig nach einer Seite, werden wir sehr bald verwiesen, zur Mitte zurückzukehren, zur Harmonie unseres Wesens. Wir werden mit Übungen bekannt werden, die uns auf diesem Gebiet zu Helfern werden können.

Grundlagen der Hygienischen Eurythmie

Ilse Horny schreibt in der Schriftenreihe „Soziale Hygiene" unter dem Titel „Eurythmie – die heilende Bewegungskunst" (6) mit der Überschrift „Die Hygienische Eurythmie als Willensübung" folgendes: „Und das ist in der Tat das Charakteristische der Hygienischen Eurythmie: ein auf Dauer geübtes, regelmäßig wiederholtes Tun. Rudolf Steiner prägte den Ausdruck ‚Hygienische Eurythmie' für ein ‚tägliches Üben', wofür eine Dauer von etwa ‚15 Minuten' ausreichend sei. Er wünschte und hoffte, daß immer mehr Menschen diese Lebenshilfe aufgreifen möchten, und hat diese Erwartung besonders oft vor Menschen ausgesprochen, die geistig an sich arbeiten." Bis ins einzelne geht der sehr gut geschriebene Artikel auf die praktische Handhabung ein, und ich möchte insbesondere darauf hinweisen, was dort über die Lautfolge „I – A – O" zu lesen ist, „diese drei Laute, die in ältesten Zeiten die Wurzel des Namens Gottes bedeuten (...) In einer besonderen hygienischen Ausgestaltung hat Rudolf Steiner diese Laute auf den dreigliedrigen menschlichen Organismus abgestimmt, um dessen Harmonisierung herbeizuführen."

Wir können uns an dieser Stelle die Frage vorlegen, was es bedeutet, eurythmisch zu üben? Es wird sicherlich sehr verschiedene Antworten geben. Verfolgen wir einmal eine Spur: Wir beginnen mit der Grunderfahrung, in einer gewissen leiblich-räumlichen Bindung zu stehen. Ich fühle mich als ganzer Mensch hineingestellt in die Raumesrichtungen und beginne nun, gleichsam von innen her, diesen Raum zu überwinden, denn der Raum begrenzt ja auch meine Gestalt, gibt mir dadurch aber die Möglichkeit, mich selbst in all meinen Auswirkungen zu erkennen. Auf diese Weise, im Anstoßen an meine Grenzen, erwache ich zu mir selbst. Und so kommt es zu einer atmenden Bewegung zwischen innen und außen, wobei sich die Leibesgrenzen erweitern, sich hineinverwandeln in einen zweiten Menschen, der unsichtbar das Leibliche trägt, den Ätherleib. Durch die Gliedmaßen hindurch strahlt mein Ich nach außen.

Die **Bewegungen unserer Glieder** können sich wandeln. Sie gehorchen im allgemeinen zunächst rein irdischen Gesetzen. Jede beseelte Bewegung lehrt uns, daß es eine höhere Ausdrucksart gibt. Wir wären als Menschen sehr arm dran, wenn wir z. B. die Sprache der Liebe nicht zum Ausdruck bringen könnten. Die eurythmische Bewegung ist eine beseelte. Sie ist es aber nicht nur. Ihr Signum ist das des Geistes. Denn was hinter dem gesprochenen Wort steht, ist rein geistiger Art. Wir werden mit der Eurythmie und ihrem Zukunftsimpuls nicht zurechtkommen, wenn dieser Gedanke nicht in uns Platz greift.

Warum das **gesprochene Wort** in uns Leben gewinnt mit seiner eigenen Gesetzmäßigkeit, muß uns zunächst ein Rätsel bleiben. Rudolf Steiner war es geschenkt, den Weg des Wortes zum Menschen hin zu verfolgen. Man darf es so bezeichnen, daß das Wort im Menschen aufersteht. Nur das Festhalten an alten Gewohnheiten hindert uns daran, die immense Bedeutung dieser Gedanken zu erfassen und ernst zu nehmen. Das Wort ist der Träger der Gedanken. Die Verwandtschaft beider geht in Urzeiten der Entwicklung zurück. Im Grunde beherrscht diese Tatsache unser ganzes Leben. Wenn wir uns einmal in späterer Zeit frei gemacht haben werden von den Fesseln, in denen unsere Gedanken heute noch stecken, wird es leichter fallen, wieder zurückzufinden zu dem erhabenen Schöpferwort, das in uns wohnen will.

Ein Weg zu einem neuen Selbstverständnis

Wie wir uns als Menschen selbst verstehen, hängt von vielen Umständen ab. Aber eines ist doch uns allen gemeinsam, nämlich der Bezug zu unserem Körper. Dieses Verhältnis ist die Grundlage, auf der wir unser Leben aufbauen.

> Auf den Füßen zu stehen,
> Die Arme zu weiten,
> Den Kopf frei dem Himmel zuzutragen.

Diese drei Gesten unseres Menschseins mögen für ein erstes Begreifen einmal so vor uns stehen. Mit anderen Worten können wir es so ausdrücken, daß wir sagen: Es gibt eine Bewegung in uns, die herunterführt zu dem Ort des „Standpunktes" den ich einnehme: „Ich fasse Fuß."

Das Haupt wird getragen von der Wirbelsäule. Es ruht einerseits und ist doch in sich voller Leben. Königlich beinahe tragen wir dieses mächtige Gebilde, das durch den Hals getrennt von dem übrigen Körper erscheint. In der Mitte nun, im Bereich von Lunge und Herz, nähern wir uns dem großen rhythmischen Geschehen, von dem wir ahnen, daß sich von hier aus unser Organismus immerwährend erneuert im Sinne der seelisch-geistigen Prozesse. Die Arme in ihrer Bewegung scheinen unmittelbar in ihrer Verlängerung nach innen diesem Bereich anzugehören.

So gruppiert sich eine Dreiheit, die – in der Ruhe – ihr Geheimnis nicht verrät. Doch wir sind in fortgesetzter Bewegung, und nur über diese fängt unser Verständnis an, konkret zu werden.

Der umfassende Bewegungsimpuls, in dem wir stehen

Alles Lebendige ist in Bewegung. Und das Ruhende ist eine zu Ende gekommene Bewegung. Wir kennen wenig von diesen Gesetzmäßigkeiten, obwohl wir immer davon umgeben sind. Die seelische Bewegung unterscheidet sich natürlich grundlegend von der rein vegetativen, und die geistige Bewegung führt uns zu Gesetzmäßigkeiten, die weit den engeren Kreis unseres Lebens überschreiten. So begegnen wir einer Vielheit, der unser Verständnis nicht gewachsen erscheint.
In der Sprache lebt eine geistige Bewegung, die sich aber mit dem Seelischen im Einklang weiß. Das besondere ist aber, daß wir alle drei Bewegungsarten nicht trennen können. Sie schwingen in uns ineinander. Was uns in diesem Zusammenhang interessiert, ist die von uns ausgehende Bewegung, die unsere Gliedmaßen ergreift. *„Eine gesunde Empfindung gegenüber der Welt bringen Sie dem Menschen nur bei, wenn Sie in ihm die Vorstellung wecken, daß er vollkommen ist wegen seiner Gliedmaßen, nicht wegen seines Kopfes“* (Rudolf Steiner, 7). Dieser Satz ist für uns bemerkenswert. Und langsam werden wir verstehen, in welch großem Kräftespiel wir stehen innerhalb der Eurythmie. Es ist ein verwandeltes Wollen. Wir werden später auf das einzelne weiter einzugehen haben. Hier möchten wir nur feststellen, daß das Unterste, der Körper, zugleich das Höchste ist, weil er uns die Möglichkeit schenkt, das Wort hineinzutragen in seine Gestaltungskräfte, diese verwandelnd zu einer sichtbaren Sprache.

Von der Mitte des Menschen

Das rhythmische Atmen ist gleichsam das Zentrum all unserer Lebensprozesse einschließlich der Herztätigkeit. Wenn wir das fühlen, stehen wir bereits im Umkreis eines Geschehens, das uns

den Schlüssel in die Hand gibt zu dem Verständnis der Wirklichkeit unseres Daseins. Dieses erschöpft sich nicht im Gegenwärtigen, sondern in ihm ist Vergangenheit und Zukunft einverwoben. In uns geht eine Welt zu Ende, und eine neue beginnt. Das ist Menschenschicksal. Im rhythmischen Geschehen begegnen sich die Gegensätze und gleichen sich aus. „Im Atemholen sind zweierlei Gnaden.“ Wir wissen nicht um die Tiefe dieses Geschehens, das sich bis in unser seelisches Leben hinein fortsetzt. Der Rhythmus ist ein Lebensprinzip. Er geht zurück auf die Ursprünge der Menschheitsentwicklung. Wir machen uns heute vielfach frei von den uns eingeborenen Rhythmen, doch gelingt das nur partiell. Im Grunde bleiben wir allem Rhythmischen zutiefst verbunden.

„Es kommt also im mittleren Menschen viel durcheinander. Deshalb müssen wir im mittleren Menschen dieses wunderbar vollkommene rhythmische System haben, den Herzrhythmus, den Lungenrhythmus im Atmen, weil alles dasjenige, was da an Aktivität und Substantialität durcheinanderkommt, im Rhythmus sich ausgleichen, sich harmonisieren, sich melodisieren will und es auch kann, weil der Mensch so veranlagt ist.“ Und später heißt es: „Denn es hängt ja hier auf Erden unser ganzes Dasein als physischer Mensch davon ab, wie Kopf und Herz und das Verdauungssystem zusammenwirken. Davon ist alles abhängig. Wir brauchen nur die geringste Handbewegung ausführen, da wirkt in der geringsten Handbewegung das, was der Kopf arbeitet, was das Herz arbeitet und was das Verdauungssystem arbeitet, denn da verwandeln sich fortwährend die zugeführten Stoffe, indem ich meine Hand bewege“ (R. Steiner).

Die Eurythmie hat es – wie schon ihr Name besagt – mit dem Rhythmischen zu tun. Es gelingt nur selten, eine Eurythmie-Stunde gut rhythmisch aufzubauen. Im Gestalten der Laute liegt, ganz verborgen, ein rhythmisches Geheimnis. Wir müssen es entdecken! Oft ist es nur ein Anschwellen und wieder Abklingen, was uns begleitet. Unsere Seele bedarf des gesunden inneren Rhythmus, um zu bestehen. Wie arm ist die Menschheit dadurch geworden, daß sie die Gabe, das Geschenk, der rhythmischen Wiederholung verlor. Die Urbilder alles Rhythmischen finden wir im Kosmos. Es ist unsere Hinorientierung in dieser Richtung, wenn wir beginnen, rhythmisch zu leben. Kosmisch – irdisch muß unser Leben in Zukunft wieder werden, wenn wir bestehen wollen.

Vom Zusammenspiel der Kräfte

In dem Maße, wie es uns gelingt, Zugang zu erhalten zu dem Wunderbau der menschlichen Organisation, wird es uns gelingen, einzutauchen in das feine Zusammenspiel seiner Kräfte. Wir sehen, daß es gilt, oftmals entfernt Liegendes zusammenzusehen, den ganzen Menschen im Blickpunkt zu behalten. Eine Hilfe zu einer solchen Betrachtung ist das Pentagramm. Gehe ich die Wege hindurch, so ersteht das Bild eines großen Organismus. Das Unten und Oben tritt in einen Zusammenhang, der die Raumgebundenheit vergessen läßt. Ein lebendiges Spiel der Kräfte ersteht.
Die Aufgabe ist, Peripherie und Zentrum als zwei sich ergänzende und doch entgegengesetzte Kräftesysteme kennenzulernen. Es sind Gestaltungskräfte im Menschen tätig mit einem ganz verschiedenen Ansatz. Das Bewegungselement verbindet die Gegensätze, es hat auch in dieser Hinsicht eine sehr große Aufgabe. R. Steiner schildert es so, daß im Menschen fortwährend in bezug auf den Lebensprozeß die Neigung zum Gestalten vorliegt wie auch zur Auflösung. Wir können unser Menschsein nur bewahren, wenn wir fortwährend nach beiden Richtungen hin tätig sind. Für das Herz insbesondere gilt, daß es gesundet, wenn der Mensch sich wenig passiv hingibt der Bewegung und recht viel Eigenwärme entwickelt im eigenen aktiven Tun durch eine belebte Eigenbewegung. Insbesondere wird auf eine gesunde Herztätigkeit hingewirkt mit Hilfe der Eurythmie, der beseelten Bewegung.
Um noch ein Beispiel anzuführen: Rückenübungen werden immer sehr umfassend sein müssen. Es geht ja hier um ein sehr zentrales Geschehen. Die Wirbelsäule nimmt eine besondere Stellung ein im Gesamtgefüge unseres Organismus. Sie ist wie das Zünglein an der Waage, befindet sich in einem labilen Gleichgewichtszustand. Man

hat herausgefunden, daß die meisten Wirbelsäulenbeschwerden ihre Ursache in der Psyche des Menschen haben. Sehr differenziert und schwierig gestaltet sich also hier die Therapie.

Übung: Vor einiger Zeit entwickelte ich eine Übung für die **Brustwirbelsäule**, die sich meines Erachtens bewährt hat. Sie geht von dem Gedanken aus, den Brustkorb einzubeziehen, der mit Herz und Lunge wahrhaft zum Träger dieser unserer **Mitte** gehört: Beide Hände bewegen sich nach oben, um etwa in Kehlkopfhöhe sich so zu drehen, daß die Handrücken aneinanderliegen und die Gebärde auf das eigene Herz hinweist. Es kommt nun eine Bewegung nach unten zustande, dicht am Körper geführt, die sich dann wiederum nach oben wendet weit über den Kopf hinaus. Hier lösen sich die Hände, die nun in einer großen Kreisbewegung langsam nach unten gehen. Ein sonnenähnliches Gebilde haben wir uns vorzustellen, was auf diese Weise entsteht. In einer Gegenbewegung richten wir uns nun auf, ganz aus der Senkrechten heraus, und bewegen die Arme in die Horizontale. Die Übung endet in dieser Kreuzesstellung, die stark empfunden werden kann.

Vom inneren Wesen der Eurythmie

Die Eurythmie weist uns auf Zusammenhänge hin, die hinter der Erscheinungswelt liegen. Und der große Bogen, den sie schlägt, er ist es, der eine gewisse Schwierigkeit ausmacht. Die Anforderungen sind insofern groß, weil es tatsächlich um eine uns sehr fern liegende Welt geht. Dennoch können wir uns langsam vorbereiten und in dem Neuland Boden gewinnen. Das Gefühl des Heimatlichen, des unbedingt Richtigen, ist es, das uns zu leiten vermag. Das Phänomen als solches zu begreifen ist schwer, weil ich als Mensch angesprochen bin, mich selbst sozusagen in die Waagschale zu werfen, so wie ich bin, mit all meinem Versagen. Aber es geht eben gar nicht darum, daß ich etwas schon kann oder noch nicht, sondern die Einstellung, der Wille allein, gibt den Ausschlag für das Gelingen, bei dem es gar nicht darauf ankommt, wann es eintritt. Üben wir in einer größeren Gruppe, so ist zu bemerken, und es wird auch immer so ausgesprochen, daß es dann leichter wird einzusteigen, weil sich mit mehreren zusammen etwas im Raum ergibt wie ein gruppenseelenhaftes, tragendes Element. Das kann man nicht negativ bewerten, weil es wirklich eine Anfangshilfe darstellt, die man einfach braucht.

Von den bildenden Kräften im Menschen

Die Offenbarung der Sprache ist der Mensch selbst. In ihm vollziehen sich die Wandlungen, die den Sprachfluß von innen her bestimmen. Die Eurythmie lenkt den Blick zu diesem Inneren hin.
Wenn wir einzelne Laute erüben, dann ersteht in uns das Bild unseres Selbst. Zunächst, im Anfang, ist es nur wie ein flüchtiger Schatten, aber allmählich bilden sich deutlich Konturen heraus. Im Zusammenhang mit der Lautgestalt erlebe ich mich selbst. Das Erlebnis hat einen Bildcharakter. Nehmen wir als Beispiel den Laut B: Das „Umhüllende" liegt im B, das „Schutz Suchende". Im Üben stelle ich mich nun selbst in den ganzen Vorgang hinein, erlebe also meine Hüllennatur im Verhältnis zu mir selbst. Es erwacht gleichsam die Empfindung für die Gabe der Umhüllung, die mir von außen zukommt. Es ist ein inneres Gespräch: die Gebärde einerseits, meine Reaktion, mein Mitgehen andererseits, sie bilden gemeinsam an dem inneren Menschen. Der Bildcharakter ist gerade bei dem B sehr deutlich. Ich kann auch in die Hüllennatur des B langsam eindringen, indem ich nacheinander links – rechts die B-Bewegung ausführe. Genauer gesagt ist es ja so: Die Umhüllung ist meinem ganzen Wesen sehr vertraut, nur gelingt es nicht leicht, bewußt um mich die schützende Hülle zu bilden. Aber in diesem Tätigsein liegt das therapeutische Prinzip, im Ansatz!
So gesehen löst sich der Vorgang im Eurythmisieren in wichtige Teilaspekte auf. Der bildende Geist ist im Menschen etwas durchaus Selbständiges. Eigentlich ist dieser immerfort tätig. Innerhalb

der Eurythmie wird er objektiviert, innerlich geprägt. Das ist das Gesundende, was von der Eurythmie auszugehen vermag. Mit anderen Worten: Der Bildekräfte- oder Ätherleib ist hier insofern angesprochen., als er – anfangs nur wenig, aber mit der Zeit immer stärker – als Ganzes einbezogen wird in diesen gestaltenden, bildenden Strom. Gezielt, von einzelnen Übungen ausgehend, gelingt es immer besser, in bestimmter Weise einzuwirken, Heilendes einfließen zu lassen bis in erkrankte Organgebiete hinein.
Zu erkennen, was wirkliche Gesundheit des **ganzen** Menschen ist, davon sind wir heute noch weit entfernt, aber wir können eine Vorahnung bekommen, die schon einer Gewißheit sehr ähnlich ist.

Das Willenselement

Wir kommen oft schwer mit unserem Willen zurecht, und es ist nicht leicht, diese Eigenschaft der Seele richtig einzuordnen. Dabei ist festzustellen: Was ich will, das bin ich selbst. Im Wollen kehrt sich unser Wesen nach außen, bringt etwas in Erscheinung. In der Kette unserer Möglichkeiten, vom Denken über das Fühlen bis zum Wollen, liegt hier das für die Welt bedeutsamste Moment vor. Durch mich geschieht etwas! Es ist mit dem Willen ein Höchstes angesprochen. In der Welt der tätigen Glieder vollzieht sich auch die Eurythmie mit ihren so ganz anderen Gesetzmäßigkeiten. Die Willensaussage ist hier eine durchaus Schöpferische. Und so kommt ihr eine große Bedeutung zu.
Ich möchte in diesem Zusammenhang ein Wort Rudolf Steiners zitieren, das sich in den Vorträgen über das Vaterunser findet:
„Willensartiger Natur, eine Art Wollen ist der Grundcharakter dieses höchsten göttlichen Prinzipes im Menschen. Was beim Menschen heute am schwächsten ausgebildet ist in seiner inneren Wesenheit, der Wille, das wird in Zukunft, wenn der Mensch immer höher und höher steigen wird, sein vorzüglichstes Prinzip sein“ (8).

Die Eurythmie im Alter

Aus dem Ausgeführten geht hervor, wie die Eurythmie zu einem Bestandteil unseres Lebens werden kann. Mit oder ohne diese in den Altersprozeß einzutreten ist ein gewaltiger Unterschied. Natürlich ist es unsinnig, diese Dinge einfach hier so darzustellen, denn es ist oftmals eine Schicksalsgegebenheit, mit der Eurythmie leben zu dürfen oder nicht. Dennoch kann man es anstreben, soweit die Umstände es erlauben. Es ist auf jeden Fall eine Erfahrung, daß über die Eurythmie ein verjüngernder Strom geweckt werden kann. Natürlich soll hier auch keine billige Verallgemeinerung angesprochen sein, dazu liegen diese Dinge von Mensch zu Mensch in sehr verschiedenen Ebenen. Jeder wird anders alt. Ich möchte aber doch hier darauf hinweisen, daß Bewegung die beste Vorbeugung gegenüber der Osteoporose im Alter darstellt! Was über die Eurythmie in das Leben einfließen kann, drückt Rudolf Steiner einmal folgendermaßen aus:
„Dadurch aber kann man sagen, in der gewöhnlichen Lautsprache drückt der Mensch sich als Erdenmensch aus. In den Bewegungen, die so sehr intim mit seinem ganzen ätherischen Wesen zusammenhängen, die in der Eurythmie sichtbare Sprache werden, da drückt der Mensch eigentlich dasjenige aus, was die Götter aus ihm machen wollten. Da kommt der ganze göttliche Mensch, nicht der irdische, sondern der göttliche, der in der Form wohnt, zum Ausdruck“ (9).

Ich in mir

Keine Bewegung wird uns so ansprechen können wie diese: **Ich bin, ich in mir**. Es ist der Weg in die Vereinzelung. Ich gehe zurück zum Ausgangspunkt all meines Seins. Auf die verschiedenste Weise werden wir diese entscheidende Bewegung üben. Eine der Möglichkeiten sei hier kurz skizziert:

Übung: Ich stehe oder sitze in aufrechter Haltung – im I. Nun bestätige ich dieses gleichsam, indem ich mit der rechten Hand eine Bewegung ausführe, weit über dem Kopf beginnend bis tief zur Zwerchfellgegend hin, wobei ich mit der Hand auf mich hindeute und mehrmals auf- und abgehe. Es sei hinzugefügt, daß dies keine Eurythmiebewegung darstellt im eigentlichen Sinne, aber zu ihr hinführt.

Diese Bewegung spricht mein Bewußtsein stark an: das „Ich in mir". Das Ich ist der Seelenkern, der Kristallisationspunkt aller in mir schlummernden Kräfte. Wir werden mit der Eurythmie nur zurechtkommen im Angesicht dieser inneren Situation. Über Jahrtausende führte der Weg die Menschheit in die Vereinzelung. Heute stehen wir in diesem Stadium der Verlassenheit im eigenen Ich. Ein tragischer Zug begleitet das Menschengeschlecht. Und nur der Anschluß an die göttliche Welt wird uns aus diesem Tief wieder herausführen. Daß die Eurythmie den Menschen auf diesem Weg begleiten will, haben wir eben vernommen.

Das Bedeutsame – und für uns so wichtige – ist dies: Wir können uns hineinstellen als ganzer Mensch in diese Kraftströmung der eigenen Ichgestalt. Das ist natürlich eine Art Ausnahmezustand. Doch er ist heilsam und ist mit nichts anderem zu vergleichen. Üben wir nur dies eben Angedeutete einmal am Tag, dann vermag ein Strom der Erneuerung uns zu ergreifen. Denn eines müssen wir bedenken: An einem Zipfel berühren wir hier gleichsam die Größe und Weite unseres Menschseins. Wir ragen ja mit unserem Wesen in unermeßliche Höhen und Tiefen hinein. Ein Geheimnis ist mit jedem Menschen verbunden, und es sollte bei dieser Art Übung keine Korrektur einsetzen. Die Schöpfermacht ist in den Menschen hineingelegt als der innerste und wichtigste Baustein seines Wesens, das sich im Ich erkennt.

„Die Kunst ist überhaupt, wenn wir sie nun in ihrer Tätigkeit betrachten, gegenüber dem großen Schaffen, der großen Schöpfung, eine kleine Schöpfung, und im eminentesten Sinne kann man die kleine Schöpfung vollziehen, wenn man sie durch das Instrument vollzieht, das alle Weltengeheimnisse und alle Weltengesetze in sich konzentriert enthält: Das ist der Mensch" (Rudolf Steiner, 9).

Die allerersten Eurythmieunterweisungen

Das Eintreten in den Raum der Eurythmie ist für uns – oder kann es sein – ein inneres Erlebnis. Für jeden einzelnen wird es anders sein. Rudolf Steiner gab bei den allerersten Einführungen in diese neue Bewegungskunst im Jahre 1912 seiner jungen Schülerin Lory Smits folgende erste Angabe zu den Vokalen I A O:

„Stellen Sie sich aufrecht hin und versuchen Sie, eine Säule zu empfinden von den Ballen der Füße bis in den Kopf, diese Säule, diese Aufrechte, lernen sie empfinden als I. Das Gewicht ruht auf den Ballen, nicht auf der Ferse. Nun verlagern Sie diese Säule so, daß der Kopf hinter dem Punkt der Füße steht, dann haben Sie eine Haltung, die Sie als A empfinden lernen sollten (...) Und nun kommt die dritte Haltung: Dazu bringen Sie den Kopfpunkt der Säule vor den Fußpunkt, und das lernen sie empfinden als O ..."

Zu den ersten Unterweisungen Rudolf Steiners schreibt Magdalene Siegloch: „Rudolf Steiner hatte alles so angelegt, daß das differenzierte Empfinden, das er der Schülerin in der Unterrichtsstunde anempfohlen hatte, sich aus ihrem Inneren heraus, ganz unbeeinflußt von außen, ohne einen Zuschauer, entfalten sollte. Die weitere daraus entstehende Aufgabe, ‚das Herz in den Kopf heraufsteigen zu lassen', – nämlich sich die Empfindungen so weit bewußt zu machen, daß sie in Bewegungen des Körpers verwandelt würden – überließ er ebenfalls ihrer eigenen Initiative. Der Weg, den Rudolf Steiner der Schülerin damit bereitete, ist bis in Einzelheiten der Bewußtseinsstufe einer Persönlichkeit des zwanzigsten Jahrhunderts angemessen" (1).

Es ist doch sehr wichtig, uns diese ersten Schritte von 1912 einmal recht deutlich vor Augen zu führen, vor allem auch deswegen, weil es doch ein erhebliches Einfühlen verlangt und es, wie mir scheint, auf viele Einzelheiten ankommt.

Außerdem erläuterte Rudolf Steiner den großen Hintergrund des dreifachen Wollens, das die Grundlage der eurythmischen Kunst bildet: das ästhetische Element, das pädagogisch-didaktische Element und das hygienische Element. Doch es wäre sehr vieles von

diesen ersten Stunden zu erwähnen. Ich finde es sehr bedeutsam, daß das erste Wort, das in der siebenten Stunde von Rudolf Steiner gegeben wurde, das Wort „Halleluja“ gewesen ist:
„Nun haben Sie das Wort ‚Halleluja‘ gemacht. Das bedeutet: Ich reinige mich von allem, was mich am Anblick des Höchsten hindert.“ Das sagte Rudolf Steiner sehr ernst. Es bewirkt eine „Festigung des Ätherleibes“, fügte er hinzu.
Das für uns **Überraschendste** dieser ersten Unterweisungen ist wohl dieses: Im September 1912 wurden einige Konsonanten durchgesprochen und geübt, und daraufhin geschah folgendes: „Dann klammerte Rudolf Steiner“, so heißt es bei Lory Maier-Smits, „die fünf bis dahin erklärten und kurz notierten Laute D F G K H zusammen und sagte: ‚Wenn Sie später einmal mit Kindern oder Erwachsenen zu tun haben werden, die aufgeregt, unruhig und nervös sind, dann kann diese Lautfolge D F G K H eine beruhigende und lösende Wirkung ausüben.‘ Und nachdem er eine andere Gruppe von Lauten durchgenommen hatte, fügte er hinzu: ‚Diese Gruppe L M N P Q wirkt excitierend, anregend. Die müssen Sie Menschen machen lassen, die müde, abgespannt und schläfrig in Ihre Stunde kommen. Da werden sie wieder wach, angeregt und interessiert.‘“ Man könnte auch sagen, daß damit die **Hygienische Eurythmie** ins Leben trat.

Der Willensimpuls und die Raumbewegung

In der Wahrnehmung der eigenen Gestalt liegt etwas Rätselhaftes, muß ich mir doch sagen, daß ich meinem Körper zunächst ganz äußerlich gegenüberstehe. Es wird anders, sobald eine Bewegung einsetzt. Jetzt wird über den Willensentschluß eine innere Bewegung ausgelöst, die nach außen dringt: Es entsteht ein Weg. Hier nun setzt die Eurythmie an. Was bedeutet es, ob ich eine Gerade oder eine gebogene Linie beschreibe oder einen Kreis? In welche Gesetzmäßigkeiten trete ich jetzt ein?

„Die Welt der Formen beherrscht den physischen Leib, die Welt der Bewegung den Ätherleib. Es müssen nun die Bewegungen gefunden werden, die dem Ätherleib eingeboren sind. Es muß der Mensch angeleitet werden, dasjenige in Gesten, in Bewegungen des physischen Leibes zum Ausdruck zu bringen, was dem Ätherleib natürlich ist (...) Das wird in der Eurythmie versucht. Es wird sich herausstellen, daß der Mensch in seinen Bewegungen wirklich ein Zwischenglied zwischen den kosmischen Buchstaben, den kosmischen Lauten ist und dem, was wir gebrauchen in den menschlichen Lauten und Buchstaben in unseren Dichtungen. Eine neue Kunst wird entstehen in der Eurythmie. Diese Kunst ist für jeden Menschen. Und man möchte, daß die Menschheit ergriffen würde vom Verständnis für diese Kunst (...) Kurz, man kann Eurythmie definieren als die Erfüllung desjenigen, was nach seinen natürlichen Gesetzen der menschliche Ätherleib vom Menschen verlangt. Daher ist wirklich in dieser Eurythmie etwas gegeben, was zu unserem geistigen Leben dazugehört und was aus seiner Ganzheit heraus gedacht ist“ (7. Okt. 1914).

Die Welt der Formen

Schon der erste Blick auf das, was uns Rudolf Steiner mit den Formen gegeben hat, löst Bewunderung aus. Beim Einleben beginnt das einzelne zu leben, es nimmt in uns Gestalt an, was wir draußen eurythmisch laufen. Zunächst die Gerade, die Rundung, der Kreis. Wir werden gewahr, daß hier Gesetzmäßigkeiten walten. Dann die Lemniskate, das Pentagramm. Jetzt kommen wir bereits in größere Zusammenhänge hinein. Man muß innerlich gleichsam die Bewegungen mit- und nachvollziehen, sich verwandeln innerhalb der Bewegung im Raum. So fangen wir an, im Ätherischen zu leben!

„Jede krumme Linie (...) ist der Ausdruck für Wille. Jede Winkelbewegung, verbunden mit nach unten gerichteten Antlitz, ist der Ausdruck für Denken. Jede Verbindung von geraden und krummen

Linien, verbunden mit nach oben gerichteten Antlitz, ist der Ausdruck für Fühlen." Und vorher, in der ersten Unterweisung zu den Raumformen, lesen wir: „Es ist nicht nur möglich, mit den Armen und Händen die Ihnen schon bekannten Laute zu bilden, auch in Raumesbewegungen müssen Sie sie empfinden lernen. Und da ist eine gerade in irgendeine Richtung strebende Linie ebenso wie ein I, wie ein Strecken, eine zweite im Winkel dazu sich bewegende Linie wie ein E zu empfinden.

Verlängern Sie nur einmal beide Linien über den Winkel hinaus, da sehen Sie es ja mit Augen. Und die dritte Linie, die das gleichseitige Dreieck beschließt, indem sie zum Ausgangspunkt zurückkehrt, ist wie ein U zu empfinden. Jede Rückwärtsbewegung ist so etwas wie ein Sich-nach-oben-Wenden. Und so sollten Sie dieses gleichseitige Dreieck I E U wie urbildlich in sich tragen" (2) .

Das Laufen vollzieht sich in Rhythmen, im Wechsel des Tempos, mit den Lauten – es ist wirklich ein Sich-verwandeln-Müssen, was angestrebt wird. Hierin ist alles umschlossen, was zu dem weiten Gebiet der Eurythmie gehört, wo es sich darum handelt, den Ätherleib zu mobilisieren. Sehr elementar erleben wir es bei alten Menschen, deren Raumorientierung immer mehr nachläßt, weil der Ätherleib in seiner Eigenbewegung zu schwach geworden ist.

So werden wir uns innerhalb der Hygienischen Eurythmie gezielt darum bemühen, an dem Grundkonzept kontinuierlich zu arbeiten, das heißt, in der Wiederholung bestimmter einprägsamer Formen das zu erüben, was die eigene Tragekraft verstärken kann. Es ist immer besser, weniges gründlich zu üben, als zu viel zu beginnen.

Auf der nächsten Seite sehen Sie eine kleine Auswahl verschiedener Formen.

Von der umfassenden Einheit zum Selbst, so könnte man den Weg durch diese hindurch wohl auch nennen. Die Formensprache ist die Welt der Urbilder, der Zusammenklang der Dinge.

Im eurythmischen Laufen entsteht eine Vielheit im Wechsel all der einzelnen Elemente, was wiederum sehr anregend auf den ganzen Organismus zurückwirkt.

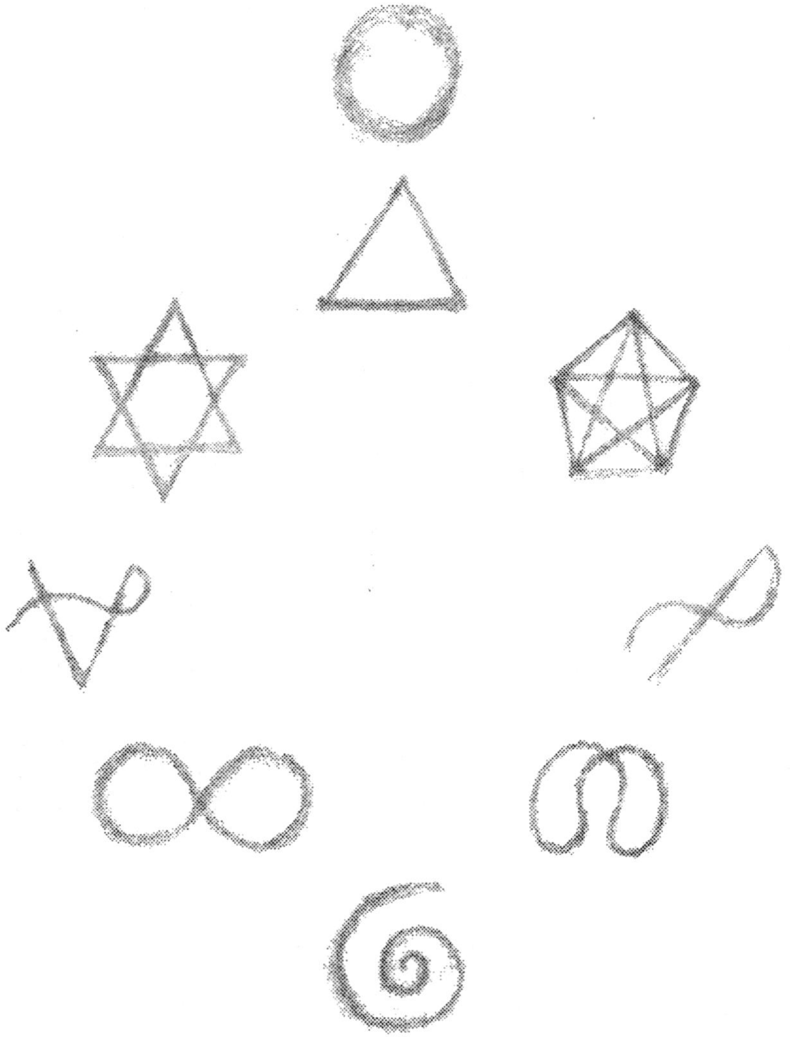

II Zu den Übungen[1]

Zum Beginn

Wir versuchten zu entwickeln, wie wir uns innerlich ein Verhältnis zur Eurythmieausübung aufbauen können. Jeder einzelne wird seinen Weg gehen, und die Liebe zur Sprache, zur Lautgestaltung allein wird letztlich Führer sein können. Natürlich ist gemeinsames Tun hilfreich und nützlich und eine Korrektur von Zeit zu Zeit notwendig.

Wir wollen nun einzelne Übungen beschreiben oder wenigstens kurz skizzieren. In dem **ersten Teil** handelt es sich um aufbauende Übungen. Sie sollen uns hinführen zu den Grunderfahrungen unseres Selbst.

Wir können sicher davon ausgehen, daß der Mensch nicht nur nach außen, sondern auch nach innen letztendlich eine Einheit ist. Doch müssen wir uns diese Einheit erkämpfen und durchleben. Wenn wir daraufhin die ersten Übungen betrachten, tun wir Schritte in dieser Richtung der inneren Durchdringung. Das Oben-Unten will in seiner Gegensätzlichkeit ausgeglichen werden über die Mitte, das rhythmische System. Wir beginnen zu atmen, aber diesmal nicht über die Lunge, sondern als ganzer Mensch. Es ist eine Empfindung ganz besonderer Art, die wir in uns aufrufen im gleichmäßigen Öffnen und Schließen, im Sich-Erneuern über den Weg der Empfindung, der atmenden Seele. Mit nichts ist diese Tätigkeit zu vergleichen, weil es ein Freiheitserlebnis ist. Gleichzeitig gewinnen wir auf diesem Wege den Ansatzpunkt für das eurythmische Tun. Zutiefst ist Eu-Rythmie im Rhythmischen verankert. Das nicht nur kopfmäßig zu begreifen, darum geht es. Stellen wir uns nämlich als ganzer Mensch in diesen atmenden Prozeß hinein, in die Mitte, dann beginnt die Seele allmählich

---

[1] Soweit keine Hinweise gegeben sind, beruhen die Übungen und Texte auf eigenen Studien und praktischen Erfahrungen.

hinauszuwachsen über die Enge des eigenen Selbst. Mit dieser Empfindung müssen wir uns verbinden in unserem Tun, dann wird über die Laute das in uns einziehen, was wir als heilend bezeichnen dürfen.

Als **Zweites** betrachten wir uns in der Bewegung, im Nach-außen-Treten. In den Raumesformen und -richtungen gehen wir einen inneren Weg. Belebend und stärkend sind diese Übungen, die Denken, Fühlen und Wollen gleichermaßen ansprechen. Daraufhin, als **Drittes**, schließen sich die Lautbewegungen an mit ihren großen Möglichkeiten der Förderung einzelner Bereiche unseres Lebens.

Es sei betont, daß wir es hier im wesentlichen nicht mit heileurythmischen Übungen zu tun haben, was ja auch aus der Darstellung hervorgeht; dennoch gibt es Übergänge. Jeder Heileurythmist kennt es aus Erfahrung nur zu gut, wie in dem einen das andere anklingt.

Nicht alles konnte zu Papier gebracht werden, was auf dem Boden der vielen Eurythmie-Stunden entstand. Diese sind ja in sich ein lebendiges Ganzes und entwickeln sich jeweils mit und durch die Teilnehmer. Es ist also ein Abriß nur, den ich selbst als Anfang betrachte in einer Kunst, in die man nur sehr langsam hineinwachsen kann. Aber es sind echte Entdeckerfreuden, die wir auf diesem Wege erleben. Worum es hier geht, hat Rudolf Steiner in wunderbarer Weise so formuliert:

ECCE HOMO
In dem Herzen webet Fühlen,
In dem Haupte leuchtet Denken,
In den Gliedern kraftet Wollen.
Webendes Leuchten,
Kraftendes Weben,
Leuchtendes Kraften:
Das ist der Mensch.

Verschiedene Übungen

Mit dem inneren Stand fängt es an, dem Stehen, und damit beginnt bereits eine Entwicklung. Wie von selbst nämlich gehe ich dem Grundempfinden nach, wie ich mich in der Welt stehend empfinde. Auf diesem Wege öffnet sich allmählich der Weg hin zur Eurythmie. Die Erklärung liegt wohl darin, daß das Ich in mir nach diesem Weg verlangt, ein in mir schlummerndes „Ich will“. Innerlich mit der Aufrichtekraft verbunden, öffnet sich das Tor nach draußen. Diese Begegnung will ich! Vielleicht kann man es auch mit einem Aufbruch vergleichen.
Zunächst führt mich das vokalische Element der Eurythmie, und ich wachse wie von selbst in den Strom dieser Bewegungen hinein: A – E – I – O – U, das sind gewaltige Schritte, in denen ich nun stehe und mich eigentlich ganz neu begründe. Vokale sprechen mich ganz von innen her an, als wären sie ein Stück von mir: das staunende Sich-der-Welt-Öffnen im A. Daraufhin geht der Weg zu mir hin im E, dem Zu-sich-selber-Kommen. Darauf folgt nun das starke I – das Ich in mir. Jetzt wende ich mich der Welt zu in einer liebevollen O-Gebärde. Zuletzt schließt sich der Kreis im U, in der neuen Selbsterfahrung. Ich habe mich in meinem Körpersein gefunden. Ja, das ist der Weg der Seele, wenn sie sich selbst verstehen will. Das klingt wie eine Wanderung durch die Welt des Inneren, so kann es auch verstanden werden. Und nicht nur mit den Armbewegungen werde ich tätig, sondern auch mit den Beinen, den Füßen. Ich kann mich als ganzer Mensch in die Welt des A hineinstellen. Im Erleben dieser Situationen ergeben sich manche Übungen wie von selbst in den verschiedensten Abwandlungen. Gehen wir einen Weg:

Die Welt in mir – ich in der Welt

Ich stehe im Kreuz, dem Urbild meiner selbst.

In diesem Moment durchdringen sich die Raumesrichtungen in mir, in meinem Ich-Wesen. Gleichzeitig atmet es zwischen innen und außen, die Gegensätze lösen sich auf. „Vom Kopf bis zum Fuß bin ich Gottes Bild, vom Herzen bis in die Hände spür' ich Gottes Hauch", dieses Kindergebet von Rudolf Steiner kommt mir in dieser Stellung sehr nahe.

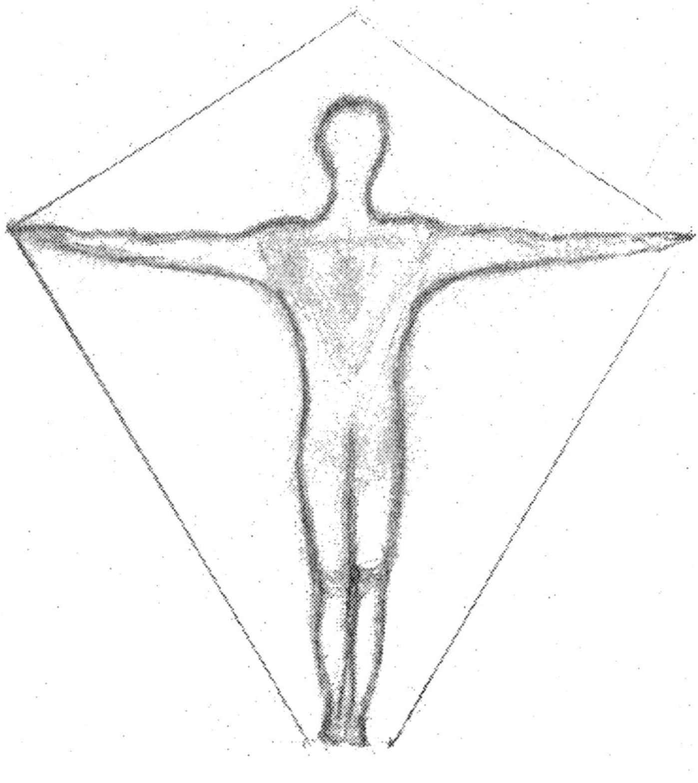

Übung: Ich gehe aus vom freien Stand, erprobe mich in dieser an sich nicht leichten Stellung. Nun bewege ich meine Arme seitlich nach oben weit über den Kopf. Nach ihrer Vereinigung gehen die Hände, übereinandergelegt und in leichter Beuge-

stellung, senkrecht nach unten bis in die Mitte des Brustkorbes. Hier erlebe ich mich am stärksten in meiner Mitte, und es vermag von hier aus im „Ballen und Spreizen“ sich ein wundervolles inneres Schwingen anzuschließen, welches dann – in der dritten Phase – übergeht in eine Art U-Gebärde seitlich dicht am Körper nach unten. Jeder dieser drei Abschnitte ist in sich verschieden. Der dreigliedrige Mensch ist angesprochen, und es resultiert ein sehr wichtiges Erlebnis: Wie ganz von innen her habe ich den Ausgangspunkt für alles eurhythmische Gestalten gefunden. Die atmend rhythmische Bewegung wird mir zu einem Urerlebnis.
Wir wenden uns nun jenem Element zu, das es uns ermöglicht, jene erste Übung überhaupt durchzuhalten, das ist das Stehen in der Aufrechten. Das für uns Selbstverständlichste ist im Grunde am schwersten innerlich nachzuvollziehen. Es ist in uns etwas hineingelegt, das wir wie ein Geschenk erleben dürfen: Ich bin ein aufrechter Mensch. Bis in unsere Gedankenwelt hinein schwingt diese Grundempfindung unseres Daseins. Es ist die Basis für unser Menschsein schlechthin.

Übung: Es ist nun sehr interessant, beides, die Senkrechte wie die Wagerechte, in **einem** zu entwickeln, das heißt aus einem Bewegungsimpuls heraus. Das geht so vor sich, daß ich mit dem Aufrichten im I die Horizontale, das große E, direkt verbinde. Die Armführung ist frei und legt sich von oben her in die Horizontalebene hinein. Die Wirkung gleicht einem Aufbruch, einem starken Freiheitserlebnis.

Die Leichte- und die Schwerekräfte

Wir gehen von der Horizontalen aus, den weit geöffneten Armen, und wenden uns nach oben der Leichte zu. Erst allmählich gelingt es, wirklich in der Leichte zu leben! Daraufhin gehen wir von der Mitte aus der Schwere zu, nach unten. Die Knie leicht beugend, werden wir ganz schwer. Dann wechseln wir, lösend nach oben

schwingend, in die Leichte, um daraufhin uns wiederum der Schwere anzuvertrauen.
Immer bewegt sich unser Leben in dieser Urpolarität alles Seins. Wir werden erkennen, daß auch die Schwere bejaht sein will. Schwere und Leichte ins Gleichgewicht zu bringen ist eines der Anliegen der Medizin, und es gehört zum Studium der Eurythmie, speziell der Heileurythmie, den ganzen Menschen mit seinen Bewegungsimpulsen hier zu engagieren. Das Alter hat es vornehmlich mit dem Überhandnehmen der Schwereprozesse zu tun. Es hilft oftmals schon eine kleine Bewegung, wie sie beschrieben wurde, und wir befreien uns etwas aus dieser Fessel. Es ist aber auch die Leichte, die uns sehr zu schaffen machen kann. Nur ein wenig seelisches Abgehobensein genügt, um Unordnung im Organismus hervorzurufen. Wir werden bei der Übung „H – M" darauf näher eingehen. Es gehört zum richtigen Inkarniertsein, dieser beiden Elemente Herr zu werden, mit denen wir als Erdenmenschen leben müssen.

Übung: Im Laufen bewegen wir uns so, daß wir, gleichsam wie von innen her ausstrahlend, das Kreuz langsam entstehen lassen. Wir kommen damit in ein sehr lebendiges Geschehen hinein. Interessanterweise begegnen wir dieser Bewegung, wenn auch in leicht abgewandelter Weise, wieder in der Übung: „Liebe – E".

Wir wollen uns nun ein wenig vor Augen führen, was der Gang, das **Schreiten**, für unser Menschsein bedeutet. Das Nach-außen-Treten, mich selber zu verlassen, bedeutet doch eine ganze Welt! Das rhythmische Gehen kann uns ein wahres inneres Königtum verleihen. Wie schwach ist unser Wille noch, das Gehen in seinen Urwurzeln wirklich zu ergreifen! Der ganze Mensch wird hier in den Zauber der raumüberwindenden Kräfte hineingestellt. Das „dreiteilige Schreiten" ist eine wunderbare Übung! Gegen die Macht der Schwere lösen wir den Fuß heraus. Es ist eine Willensübung, die den oberen Menschen unmittelbar engagiert, den physischen Leib zu ergreifen.

Übung: Aus der Schrittstellung heraus heben wir die rechte hintere Ferse etwas an. Die Arme können diese Bewegung seitlich ein wenig begleiten. Daraufhin geht der rechte Fuß in die Ausgangsstellung zurück. Wir üben mehrere Male hintereinander diesen Impuls, der den ganzen Menschen ergreift. Magdalene Siegloch beschreibt in ihrem Buch diesen Vorgang folgendermaßen: „Der Eurythmisierende kann zum Beispiel die erste Phase, das Lösen des Fußes vom Boden, gegenüber den beiden anderen Phasen hervorheben. Dadurch wird Leichtigkeit, Fröhlichkeit, die bis zu jubelndem In-die-Höhe-Springen gehen kann, sichtbar" (10). Rudolf Steiner nennt es einen luziferischen Impuls, der uns hier leitet. Das Üben gerade dieses Anhebens begleiten wir mit innerster Willensintensität. Im Keim liegt ja auch hier der Ansatz, der alles Zukünftige schon in sich trägt. „Es" will nun nach einem inneren Gesetz weitergehen. In der zweiten Phase, dem Tragen, ist der Mensch in seiner Mitte angesprochen, in der Balance zwischen rechts und links, oben und unten. Im Aufsetzen des Fußes nun, der dritten Phase, vertrauend dem Halt, den mir der Boden gewährt, erfülle ich mich mit der Wirklichkeit meines Menschseins. Von unten nach oben, wie auch in umgekehrter Richtung, durchströmt mich jene Empfindung, die mir nicht nur Sicherheit verleiht, sondern mir auch die Ichkraft schenkt, im Leben zu bestehen.
Nehmen wir noch die Rechts-links-Beziehung hinzu, die beim Gehen eine besondere Rolle spielt.

Übung: Die Füße stehen im Abstand nebeneinander, so daß das Rechts und Links deutlich erlebbar wird. Dieses nun einsetzende langsame Vorwärtsgehen wird von einer Handbewegung begleitet. Die aufrechte Hand folgt etwa in Kehlkopfhöhe den Fußbewegungen von rechts nach links, immer die Mitte durchlaufend. Auf diese Weise nimmt das Bewußtsein sehr stark an dem Erleben der Seitigkeit teil. Nach einiger Zeit werden die Füße geschlossen. Ich erlebe mich in der Mittelstellung und gehe nun langsam zurück in der Haltung des „Ich in mir". Diese Übung habe ich oftmals gegen den bekannten Altersschwindel ausführen lassen, sie hilft aber auch bei körperlichen Schwächezuständen.

Jegliche Raumveränderung löst im Menschen bestimmte Bewegungen aus. Nora von Baditz übte einmal in Anwesenheit Rudolf Steiners, so berichtet sie es, mit einer Schulklasse den Wechsel der Raumesrichtung sowie des Tempos und des Rhythmus im Laufen. Auf die Frage, was sie getan habe, sagte Rudolf Steiner: „Sie haben stärkend auf die Ätherleiber der Kinder eingewirkt." Seitdem gehen wir mit diesen Gesetzmäßigkeiten um.

Übung: An dieser Stelle möchte ich eine mehr auflockernde Bewegung anführen, die – leicht spielerisch – von den Raumesrichtungen ausgeht. Es ist einer meiner „Seniorentänze". Betont trete ich mit dem rechten Fuß nach vorn. Der linke setzt im Abstand daneben auf. Jetzt verlagere ich – als der rhythmische Teil –, leicht von rechts nach links hin- und herschwingend, das Körpergewicht und setze dann, etwas betont, den linken Fuß zurück. Der rechte Fuß bleibt vorn in der Wiederholung, rückt aber jedes Mal etwas weiter vor. Dasselbe kann mit kleinen Sprüngen ausgeführt werden. Für den „kopfigen" Menschen unserer Tage sind diese Einschiebungen gut.

Die Ich-Linie

„Diese Richtung ist gewiß,
immer schreite, schreite,
Finsternis und Hindernis
drängt mich nicht zur Seite."

J. W. Goethe

„Der Geist in uns, das heißt der Geist, der sich in der Seele als wirkende Kraft offenbart, ist das Ich. Im Ich finden wir das dynamische Prinzip, in dem die ganze Entwicklung der Seele wurzelt" (13).

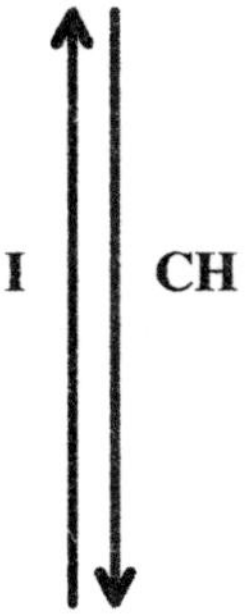

„Machen Sie nun beim Hingang, während der zwei Schritte hingehend, das I, machen Sie während der zwei Schritte zurückgehend das CH, dann haben sie das Ich im Schwung, in der Bewegung, und zwar in einer solchen Bewegung, die in sich selber wieder zurückfindet, gerade so, wie die Ichvorstellung eben dasjenige im Vorstellen ist, was in sich selber wieder zurückfindet. Machen Sie es so, indem Sie bei dem I zwei Schritte vorwärtsgehen, bei dem CH zwei Schritte zurückgehen, dann kommen Sie schon in die Form hinein (siehe Zeichnung), und zwar in diejenige Form, die herauswächst aus dem, was sich als Sinn in der Zusammenfügung der Laute ergibt" (Rudolf Steiner).

Der Merkurstab

Zu dem bedeutsamen Zeichen des Merkurstabes führt Ernst Moll folgendes aus: „Wie haben wir nun das Verhältnis von Schlange und Stab in diesem Symbol zu verstehen? Was will es uns sagen? Um diese Frage zu beantworten, müssen wir im Symbol der Schlange das Bild des Ätherischen, der Lebenskräfte sehen. Der Stab ist das, was diese ätherischen Kräfte beherrscht, sozusagen der ‚Befehlsstab'. Er ist unter einem doppelten Gesichtspunkt betrachtet: einmal als ‚magischer Stab' in den alten Zeiten und dann als ‚Stab des Ich' oder Stab des Denkens, als Freiheitsstab für unser heutiges Bewußtsein (...) Es ist der Merkurstab das wahre Zeichen des Arzttums bis in unsere Zeit hinein." Wenn wir uns das vor Augen halten, wird uns das Laufen dieses uralten Menschheitssymbols zu einer Hilfe werden können.

Das Zeichen das Äskulap

Dies ist ein uraltes, uns wohlbekanntes Zeichen: In dem „Ich“ sich finden und das Niedere festigen und halten – die Schlange scheint es ausdrücken zu wollen.
Wir laufen den Stab so wie die Ich-Linie und schließen daraufhin die Bögen der Schlange an, vor und zurück.

Die Lemniskate

In der **Lemniskate** haben wir alle Elemente vereinigt, die zum Wesen des Rhythmischen gehören, jene Form, welche das Prinzip des Oben-Mitte-Unten im Menschen am reinsten bildhaft wiedergibt. Es wird die Umkehr deutlich als Lebensprozeß mit dem Durchgang durch die Mitte, der Kreuzung. Schon in der reinen Armbewegung, im inneren Nachvollzug, eröffnet sich die Lebensqualität dieser einmaligen Formgestalt: Innen wird Außen, Außen wird Innen. Es ist das Gesetz alles seelisch-geistigen Lebens, des Zusammenklingens von Ich und Welt. Das Herz steht in der Mitte sowie die Lunge. Für einen Moment findet hier der Ausgleich statt, der immer wiederkehrende Neubeginn.
In einer Abwandlung (Einstülpung) kommen wir zur „harmonischen Acht“. Die Formen werden gelaufen.

Übung: Der Wechsel von gerader und gebogener Linie im Laufen hat etwas ungemein Anregendes, zumal wenn die Form noch in sich atmet.

Das Pentagramm

Dies ist ein Kleinod unter allen geometrischen Formen, die wir kennen. Und dieses wunderbare Gebilde hat zum menschlichen Körper eine unmittelbare Beziehung (siehe hinteres Umschlagbild). Dahinter steht der „Goldene Schnitt“, denn aus diesem heraus kann es konstruiert werden. Oftmals wird das Halleluja im Pentagramm gelaufen. Rudolf Steiner führt aus, daß es eine der Formen darstellt, wie sich unser Ätherleib bewegt.

Die Spiralbewegung

Martha Morell hat sich ein großes Verdienst erworben und sehr vielseitig und anregend in ihrem Buch „Anregungen zur Gestaltung der eurythmischen Arbeit“ (12) darüber berichtet.
Schon am ersten Tag seiner Eurythmieunterweisung kam Rudolf Steiner auf die uralten „Serpentintänze“ (heute: Spiral-Tänze) zu sprechen, die ursprünglich aus den griechischen Tempeln und Mysterien stammten. Er zeichnete dann die erste große Serpentine auf, die wirken könne gegen den Egoismus beim vollblütigen Menschen. In der zweiten großen Serpentine, die von außen nach innen getanzt werden sollte und als starke Befestigung des Ich sehr gut für bleichsüchtige Personen sei, gab er zwei verschiedene Haltungen zum Abschluß. Die Abschlußgebärde für die ernste feierliche Art sollte das EU sein – mit am Herzen gelegten Händen.
Es gibt sicherlich keine Bewegungsform, die uns so unmittelbar berühren kann wie diese, das Bild der Seele gleichsam verkörpernd.
„Wir suchen die Seele – uns strahlet der Geist“ – das entspricht der Sprache dieses Bewegungsausdruckes wohl am stärksten.
Martha Morell hat in jahrzehntelanger Arbeit in ihrem Buch sehr viel zusammengestellt zu diesem Thema, was für den Fortgang der Eurythmie von großer Bedeutung ist. In allen bekannten Ab-

wandlungen werden wir versuchen, uns möglichst intensiv mit den Spiralbewegungen zu verbinden.

Denken – Fühlen – Wollen

Gerade – Krumme – Kreis

Übung: (möglichst mit Stab)
Gerade vor und zurück. Krumme rechts, Gerade zurück. Dasselbe links. Dann Kreisbewegung. Schließlich Durchmesser laufen im Steigern des Tempos.

„Ich will – ich kann nicht – ich muß es tun"

Dies ist eine bekannte Übung, die auf denselben Prinzipien beruht.

Übung: Aus hängender Lage im „Ich" aufrichten. Bei „will" drei sehr energische Schritte rückwärts. „Ich kann nicht" hängend, passiv nach vorn. „Ich" – aufrichten – „muß es tun". Kreisbewegung rückwärts (wirkt kräftigend auf den Ätherleib durch den Lage- und Richtungswechsel).

Die atmende Bewegung

Das Oben /Unten und die Symmetrie.

Übung: Fuß und Kopf stehen wie in der Oktave zueinander. Die Mitte bewahrt das Rechts-Links sowie das Oben-Unten. Ich antworte mit meinem So-sein auf die Welt, mich herausgliedernd aus Raum und Zeit.
Im äußerlich ruhenden Menschen erwacht die Seele zu sich selbst.

Im Herzen will sich die Welt wahrnehmen. Dieses Geheimnis wird uns ein klein wenig erlebbar, wenn wir den Atem in die Bewegung hereinzunehmen suchen.

Die Vorn-hinten-Verhältnisse

Wir blicken auf die große Verschiedenheit des menschlichen Körperbaus, das Rätselvolle seiner Gestalt.
Nach vorn ist der Mensch ganz Sprache.
Der Rücken birgt Vergangenes, er trägt mich.
Ich stehe im Gleichgewicht zwischen hinten und vorn.
Welche Welten tun sich auf! „Nimm dein Schicksal auf deine Schultern", vielleicht sagt dieses Wort schon alles!
Zwischen den Schulterblättern liegt der Ich-Punkt!

Übung: Ich führe meine Hand zu mir zurück, drehe sie um und gehe mit der Handfläche nach vorn. Vergangenes und Zukünftiges deute ich damit an.
Im Rücken sind wir stark, nach vorn offen und ohne Schutz. Wir müssen uns diesen selber geben.
Die Freiheit verlangt die Selbständigkeit im Handeln, das Dastehen in freier Gelöstheit.

Stabübung: Der Stab liegt hinten oben in der Höhe der Schulterblätter. An dieser Stelle unterstützt er mein Ich-Bewußtsein (Ich-Punkt), und ich gehe nun wacker ausschreitend im Kreis, mutvoll, zielbewußt. Nach einiger Zeit wechseln wir und gehen mit dem Stab, der jetzt in Körpermitte, unter der Gürtellinie liegt, in gleicher Weise vorwärts. Jetzt aber spüre ich noch das Freiheitsgefühl in den Schultern, was mir die erste Haltung verlieh. Wir wechseln einige Male beide Stellungen.
Immer wieder lassen sich neue Stabübungen entdecken, wie es ja auch von R. Steiner beabsichtigt war.

Vergangenheit, Gegenwart und Zukunft

Übung: Ich laufe mit geöffneten Armen und lasse mich tragen wie von einem Rückenwind. Dann komme ich zum Stehen mit zur Mitte gewendeten Händen. Aus der Passivität des Getragenseins finde ich zu mir selbst. Nun erfolgt die innere Wendung. Ich nehme mein Leben selber in die Hand und wende mich mit dem Laut I zielvoll nach dem Inneren des Kreises. Vergangenes verbindet sich über die Gegenwart in Zukünftiges.

Vokalübungen

Die Gelegenheit, mit dem **I** zu leben, findet sich immer. In dem Wort „Ich" ruht das Geheimnis des geistig mit mir Verbundenen:
Ich bin
Aus allen Welten bin ich gerufen, ja zu sagen zu mir selbst. Im I finden wir zu den Urgründen unseres Seins.
A – Vergangenes wird Gegenwart. Ich steige zum Menschsein empor.
E – hier bin ich abgeschnitten von den Weltzusammenhängen, in denen ich einst gestanden habe. Ich finde mich im gegenwärtigen Sein.
O – ich bin für andere da, umschließe liebevoll die Welt.
U – innen und außen haben sich neu gefunden, in mir schließt sich ein Kreis.
Die Vokale sind ein tragender Grund, auf dem ich stehen kann. Ein Werdestrom durchzieht diese Welt. Er gliedert mich ein, um als Mensch unter Menschen zu leben. Zeit und Raum verwandeln sich zu etwas, was nur in mir selbst erstehen kann. Anfang und Ende des Weges vereinigen sich im Eigensein, da wo noch mein tiefstes Wollen schläft.
Die Vokale sind ein Weg zu meinem höheren Selbst.

Es ergeben sich Übungen, die mir zur Konzentration verhelfen. Da wird das E im Mittelpunkt stehen:

A – E – I: Das ist die inkarnierende Reihe.

Das E wird immer am Anfang stehen können, wenn Schmerzvolles an mich herangetreten ist. So kann sich das E mit dem O verbinden, welches mich aus einer Isolierung herauszuführen vermag.

Das **E** aus der Ehrfurcht heraus wird immer eine Seite in mir ansprechen, die zu dem Besinnlichen hinführt, ja, sogar bis hin zum Gebet. Das „Liebe – E" stellt uns hinein in einen atmenden Rhythmus. Es hat eine wohltuende, ausgleichende Wirkung (siehe seelische Übungen).

Ganz andere Erfahrungen bringt das **A.**

Wende ich diesen Laut nach unten an, bedeutet es den Sieg über alles Begierdenhafte, Leidenschaftliche, was mir anhaftet.

A nach oben führt mich in die Sternenregionen hinein.

Das Wort „Tag" drückt letzten Endes alles aus, was im A lebt.

A wird auch bei Schlafstörungen gegeben, denn in diesem Laut atmet die Weite der Welt, das Beheimatetsein im Kosmos (siehe auch: Das A im Halleluja, „A – Verehrung").

In der Anwendung der Laute dürfen wir große Gesichtspunkte haben, denn wir befinden uns ja im Zusammenhang der Bildekräfte, das heißt alles umfassender Funktionen, wo eines das andere trägt und wo es Übergänge nach allen Seiten hin gibt.

Die Reihe **A – E – I – O – U** ist als solche schon eine wunderbare Übung, um zum seelischen Gleichgewicht hinzufinden. Gestalte ich die Übergänge fließend, geht also ein Laut aus dem anderen hervor, so entsteht die Einheit, welche diese Reihe durchzieht, in meinem Inneren.

Mit dem **U** werden wir zu Grenzsituationen hingeführt, deshalb nimmt dieser Laut auch eine ganz besondere Stellung ein. Er hat eine Doppelnatur: Einmal führt er mich zur Geschlossenheit in meinem Körper, dann aber weist mich das U zu fernen Welten hin: „Ich bin auf dem Wege zum Geiste, zu mir" (aus „Ich denke die Rede").

Mir scheint ganz wesentlich zu sein, daß wir bei geschlossenen Beinen in der U-Stellung stehen. In dieser Geschlossenheit lebt Bewußtsein. Selber erlebt man an sich die Strenge der Haltung und das damit verbundene Aufströmen einer Kraft, die mir Halt verleiht. Das Wort Fuß trägt bezeichnenderweise das U. So wie das I herausleuchtet aus dem frei nach oben getragenen Kopf, lebt nach unten das U. Es ist ein Laut, der in sich das Zukünftige trägt, die Menschengestalt gleichsam begleitend, ihr Kraft verleiht. Es kommen die Bewegungen zum Abschluß im U (siehe „Hoffnung – U").
Zeylmans van Emmichhoven (13) wies darauf hin, daß „unsere Empfindungen, Gefühle und Begierden, alle unsere Seelenkräfte schließlich einen inneren Zusammenhang zeigen, der nicht nur von der Welt, sondern auch – und sogar an erster Stelle – vom ‚Ich' abhängig ist". Aus diesem Zusammenhang wird deutlich, warum die Vokalübungen Ich-kräftigend wirken.
Wir stehen vor der Aufgabe, konsonantische und vokalische Kräfte in der richtigen Weise einzusetzen. Es wird ersichtlich werden, wie beide Elemente gemeinsam einen Übungsduktus bestimmen können. Es ist naheliegend, vom Wort selbst auszugehen, wie z. B. „Licht", „Gebet", „Tag" usw., und man wird auf diese Weise geführt.

Die Konsonanten

Ein Konsonant verkörpert ein Stück Welt, er steht in einem Zusammenhang, der ganz von mir selbst gelöst erscheint. Und doch ist er auch meine Welt, insofern als mein Leib sich aus der Erdumgebung speist, die ihn trägt und erhält. Es ist schön und vielseitig, die Laute eurythmisch darzustellen. Eine ungeheure Bewegung geht davon aus.
Das L plastiziert und gestaltet aus dem Lebendig-Wässrigen heraus. Etwas kosmisch Umfassendes lebt in ihm. Wir sind im Grunde in jeder Phase unseres Lebens mit diesem Laut verbunden.

L – wenn das Oben-Unten in mir nicht mehr ordentlich aufeinander abgestimmt ist, was sich z. B. in übergroßer Müdigkeit zeigt;
– wenn die Schwere im unteren Menschen überhandnimmt oder sich in der Körperhaltung deutliche Mängel einstellen;
– als Hilfe bei allen möglichen Gelenkerkrankungen;
– zur Förderung der Durchblutung in der Peripherie;
– bei rheumatischen Erkrankungen mit R;
– um den Atmungsprozeß zu harmonisieren mit M;
– bei bestimmten Stoffwechselerkrankungen;
– im Sitzen für Nacken und Schulter im Vor und Zurück, auch mit den Ellenbogen.

Wir sehen aus diesem Ausschnitt der L-Anwendungen schon etwas Großartiges. Im Kindesalter kommt diesem Laut natürlich eine noch größere Bedeutung zu.

L – A: (wobei wir das A nach unten führen) bewirkt ein Freiwerden der Kopfkräfte – auch bei Alterserscheinungen.

L – E: zur Verstärkung der Abwehrkräfte.

L – O: gibt der O-Bewegung noch eine stärkere umhüllende Möglichkeit.

Das L kann in den verschiedensten Zusammenhängen wirksam sein.

(Entschuldigung, wenn ich einen kleinen Ausflug in die Heil- Eurythmie unternahm.)

Der Laut M ist der Brückenbauer unter den Konsonanten. Wir schätzen ihn wegen seiner harmonisierenden Wirkung. Neben dem L hat er die weiteste Anwendungsmöglichkeit.

M – bei allen Störungen, die mit dem Gleichgewichthalten zusammenhängen, äußerer wie innerer Art;
– als Laut der Ausatmung;
– harmonisiert das eigene Wesen;
– bei Schlaflosigkeit;
– für den unteren Menschen. Ich stehe in der Schrittstellung und führe nun die M-Bewegung so, daß mit gebeugten Knien in die-

ser Höhe das M vor und zurück gestaltet wird (es wirkt hier stark belebend).

Zum Laut R

Das R spricht das In-sich-Bewegte an. Es ist ein Zitterlaut, also dem Luftartigen unmittelbar verwandt.

Wir üben das kleine rhythmische R, das zu den seelischen Übungen gehört. Die Arme müssen sehr locker geführt werden. Der ganze Oberkörper schwingt in Beugung und Streckung. Diese Übung wirkt sehr gut auf das ganze rhythmische System. Auch für den Rücken kann sie etwas bedeuten. Ältere Menschen müssen allerdings vorsichtig mit dieser Übung sein.

Zum H

Martha Morell schreibt: „Die unterschiedlichen Hinweise Rudolf Steiners auf das Wesen des Lautes H lassen ahnen, daß diesem Laut eine Weltenkraft von umfassendem Ausmaß zugrunde liegt. Der Ur-Atem, den Gott dem Adam als lebendige Seele einblies, weht noch heute an den Menschen heran, der sich vom Hauch des Göttlichen berührt fühlen kann" (12).

Im Halleluja steht das H an entscheidender Stelle. In der Übung „A – Verehrung", die wir später besprechen wollen, spielt das H eine zentrale Rolle.

Das H steht ganz an der Peripherie – so wird es erlebt – und schenkt uns die Möglichkeit des Loslassens, des Sich-mit-dem-Geiste-Erfüllens.

Zum S

Aus welchen Tiefen und aus welchen Höhen schaut dieser Laut zu uns herein! „Der S-Laut war immer eine außerordentlich wichtige Sache auch für das Mysterienwesen. Und zwar wurde in ihm tatsächlich etwas Zauberkräftiges gesehen. Denn er kann ja empfunden werden als dasjenige, was in einer sicheren Weise, so daß man überzeugt sein kann davon, etwas beruhigt, beruhigt dadurch, daß man mit dem Impuls in das Innerste eines Wesens eindringt" (Rudolf Steiner). Und an anderer Stelle heißt es: „Man kann sagen: Das Erlebnis des S-Lautes hängt zusammen mit denjenigen Empfindungen, welche man in Urzeiten der Menschheitsentwicklung für das Schlangensymbol oder auch in gewissem Sinne für das Symbol des Merkurstabes gehabt hat – aber nicht für das eigentliche Merkursymbol, sondern eben für das Symbol des Merkurstabes."

S – sich Form geben;
– wirkt beruhigend;
– mit dem Stab. Rudolf Steiner hat öfters darauf hingewiesen, das S mit dem Stab zu üben:

Übung: Wir stellen dar den Kampf Michaels mit dem Drachen. Der Stab ist das Schwert. Im S-Bogen schwingen wir es aufwärts und lassen es dann mit dem S auf den Drachen niedersausen.

Zusammenstellung einzelner Laute

Selbsterdachte Kombinationen werden immer den Charakter des Unvollkommenen, des Vorläufigen, an sich tragen. Es ist aber anregend, sich damit zu beschäftigen. Abwandlungen sind durchaus möglich und erwünscht. Die Vielfalt auf diesem Gebiet ist natürlich sehr groß. Doch darf uns dies nicht erschrecken. Wir wachsen mit jeder Lautfolge in eine bestimmte Richtung und erleben uns immer wieder auf neue Art. Im übrigen sind in dieser Darstellung Anlehnungen an die Heileurythmie unschwer zu erkennen.

I – A – O

Rudolf Steiner führte diese Folge als Grundübung schon sehr früh ein. Sie ist in mehrfacher Hinsicht sehr interessant und steht in dieser Form einmalig da. Das Konzept dieser Übung besteht näm-

lich darin, daß die drei Laute hintereinander gebildet werden und dann wie in einem Dreiklang stehenbleiben. Der Mensch soll damit innerlich zur Harmonie gebracht werden.
Es geht aber eine starke Bewegung hindurch: einmal über die Beschleunigung nach langsamen Beginnen. Zweitens wird in das A nach unten gesprungen (soweit es geht), und schließlich kommt das O nach vorn. In den drei Raumesrichtungen steht der Mensch: mit dem I, der Aufrechten, beginnend, das aber beibehalten wird im Dreiklang zum A und O. Am Ende werden nacheinander das O, das A und das I wieder weggenommen. Ein Weg also zur Stärkung vor allem des Ich im Körper, im lebendigen Wechsel, im Zusammenspiel der Kräfte. Das I trägt das A und das O.
Es geht eine starke, harmonisierende Wirkung von dieser Übung aus. Das I – A – O wird als die **hygienische Übung** schlechthin bezeichnet (vergleiche das Kapitel: Grundlagen der Hygienischen Eurythmie).

A – U

Die Spannweite dieser beiden Laute ist groß. Indem wir uns zunächst mit jedem Laut einzeln befassen, werden wir allmählich dahin geführt, diesen wunderbaren Akkord zu empfinden: A – U.

A – U – M

Als Stütze der Ausatmung. Auch mit einem L davor.
Mit dieser Lautfolge umzugehen ist sehr hilfreich, erinnert sie doch an das uralt-heilige AUM im alten Indien. Aber wir leben in einer anderen Zeit und werden gewahr, was das M im Zusammenhang mit A und U bewirkt: ausgleichend, harmonisierend.

I – E

Sternenförmig laufen wir von einem Mittelpunkt aus im I nach außen, finden uns aber immer im E im Mittelpunkt zurück.

U – A – U

U nach unten, A nach oben, U nach unten (auch im Vor- und Zurücklaufen). Bringt oben und unten ins Gleichgewicht.

U – A – E
U in den drei Raumesrichtungen: nach vorn, oben und unten. Darauf A nach oben, was dann im Schwung nach unten und wieder zurück geführt wird. Es folgt ein kräftiges E in der Mitte.
Diese Übung verstärkt die Eigenkraft.

E – I – E – A
E: mit der rechten Hand vorn den Brustkorb berührend. I mit dem linken Arm nach oben, dasselbe im Seitenwechsel. Jetzt E vorn mit gestreckten Armen und anschließend A nach unten.
Diese Übung kann leicht beschleunigt werden. Sie erhöht die innere Beweglichkeit.

R – I – E
R mit dem rechten Arm im großen Bogen von unten – also anders als sonst üblich – bis ganz herauf. Kleines I vorn in der Mitte mit aufrechter Hand. Großes E in der Horizontalen.
Diese Übung gibt innere Sicherheit.

L – I
Das L gestaltet sich in drei Schritten: Zunächst in der Horizontalen, dann nach oben sich wendend halb schräg, schließlich das gewohnte große L nach oben. Daraufhin folgt das große I, das wir einmal im Kreis herumführen und zurück, uns ganz im Mittelpunkt fühlend eines großen Umkreises.
Bei Haltungsschwächen hat sich diese Übung sehr bewährt.

L – H – M
Wir lassen das L wachsen, klein beginnend. Dann folgt das H und anschließend das M von oben nach unten. Das H erhält durch das L eine impulsierende Kraft und wirkt dadurch stark lösend. Das M führt zur Harmonie hin. Gegen innere Verkrampfung.

T – U – A
Nach dem T führen wir das U stark nach unten. Es folgt nun aufstrahlend das A. Diese Polarität wirkt stark auf die schöpferischen Kräfte, die damit angesprochen werden.

L – E – I
Das L führt zu einem starken E hin. Darauf folgt das I einmal rechts, einmal links. Zur Überwindung von Schwächezuständen.

C – U
C rechts, C links, darauf U nach unten mit aufeinandergelegten Handrücken. Diese Übung wirkt sehr stark. Das C führt in die Leichte, das U festigt die eigene Grundlage. Diese bildet sich gleichsam mit dieser Übung immer wieder neu aus der Mitte heraus. Bei Schwächezuständen gut anwendbar.

In dem Zusammenstellen einzelner Laute liegt ein schöpferischer Prozeß. Doch darf uns diese Tatsache nicht darüber hinwegtäuschen, daß wir schon in jedem einzelnen Laut eine große Fülle unentdeckter Möglichkeit vor uns haben. So kann man nur raten, klein zu beginnen, um den Reichtum kennenzulernen, der in dem Charakter jedes Lautes tief verborgen liegt. Die Lautgestalt leitet uns selbst; das ist das eigentliche Geheimnis.
Das hygienische Element wird immer auch ein therapeutisches sein, das müssen wir im Auge behalten und versuchen, diese komplizierten Verhältnisse aus der Eurythmie selbst heraus zu verstehen.
Ein Weg zur Hygienischen Eurythmie wird der sein können, daß ich mich von meinen **Unvollkommenheiten** leiten lasse und in der Eurythmie einen Helfer suche. Was hier zur Darstellung kommen soll, ist das **Lebendige** der Eurythmie, der Boden, auf dem die Quellen der Gesundung ersprießen.

III Vom intimeren Erfassen der Hygienischen Eurythmie

Im Umgang mit den Lauten wachsen wir allmählich hinein in ihre ihnen eigene Sprache. Wir sollten uns zunächst leiten lassen in der Anwendung von der einfachen Empfindung der Liebe zu einer Lautgestalt, z. B. **das M**. Mit dem M stehen wir ja ganz zentral im Harmonisierenden, Ausgleichenden darinnen. Und man kann sich gut denken, welche Hilfe schon von einem solchen Laut auszugehen vermag.

Ein Gleiches trifft sicherlich auf **das L** zu. Es könnte also so sein, daß ich zunächst einmal mit dem M beginne, es erübe nach verschiedenen Richtungen. Etwas ungemein Beruhigendes geht vom M aus.
Unzähligen Menschen wünschte man heute den Umgang mit diesem Laut. Wir kennen die Bewegung von oben nach unten und umgekehrt wie auch von innen nach außen; sich anschmiegen, einfühlen und sich verbinden. Ganze Welten tun sich auf. Wir sollten auch absehen davon, nun unbedingt zu denken: Mache ich es richtig? Wir überlassen uns tief innerlich diesem atmenden Strom, der das M begleitet. Wie ein seelisches Ausatmen, so kann diese Bewegung uns berühren. Sehr bald schon werden wir sicher sein, es richtig zu machen.
Es hilft auch die Vorstellung, z. B. die des brüderlichen Zusammenstehens, des Ausgleich-Suchens. Mit allem Sozialen hat das M zu tun. „Der im Gleichgewicht befindliche Mensch."
So auch das L: Schöpferisches Gestalten, lebensvolles Erwachen lebt unter anderem in diesem Laut. Es gibt kaum einen Moment des Tages, an dem wir nicht mit dem L umgehen könnten. Es entsteht in der Hinwendung so etwas wie ein innerer Aufbruch. Das L schafft auch Verbindungen, löst und ordnet. Etwas Lichtvolles atmet im L, dem Laut, der dem Pflanzlichen so verwandt ist.

Versuchen wir diese beiden Laute dicht am Körper zu bilden, so entstehen ganz neue Erlebnismomente. Lasse ich das L in der Mitte des Brustkorbes entstehen, so entfaltet sich gleichsam etwas Blütenhaftes. Bei den M-Bewegungen ergeben sich im Auf und Ab die harmonisierenden Kräfte, die den Organismus durchziehen. Wir erfahren sehr viel über uns selbst bei solchen Versuchen, uns als ganzer Mensch hineinzustellen in die Eurythmiebewegung.

Vom R gehen wiederum ganz andere Impulse aus: Innere Regsamkeit, das In-sich-Bewegte. Die Seele antwortet auf die Außenwelt und findet sich selbst. Wie unendlich groß und weit wird der Seelenraum im R (ein Beispiel aus der Heil-Eurythmie). Die Reihe R – L – S – I gab Rudolf Steiner bei Schwachsinn. Mit dem R beginnen wir, den Astralleib zu aktivieren, mit dem L den Ätherleib, mit dem S führen wir die Wärme in den physischen Leib, und zuletzt wird durch den Vokal I der ganze Mensch von innen her ergriffen (nach Kirchner-Bockholt, 16). In dieser Reihe leitet das R die Entwicklung ein und es wird uns daraus ersichtlich, welche Kräfte mit diesem Laut verbunden sind.

Die S-Bewegung ist sehr interessant und tief eingreifend. So lesen wir: „So wirkt das S bis in das Innere, unbewußte Triebhaftigkeit in den organischen Prozessen zur Ruhe bringend, die Unruhe aus dem Strom des Blutes fernhaltend, Sympathie und Antipathie ausgleichend“ (Rudolf Steiner). Die beruhigende Kraft des S war wohl immer bekannt. Man spricht noch heute „Ssss“, um Unruhe im Raum zu dämpfen. Die S-Gebärde zeigt aber auch Formkraft und beherrschtes Feuer. Sie wirkt sowohl auflösend als auch bindend, regulierend also. In der Hand des Heileurythmisten spielt das S eine große Rolle. In der Übung S – M handelt es sich darum, daß das zu stark Verdichtete im Menschen (Sklerotisch-Werden), im S dargestellt, harmonisiert wird, ausgeglichen durch das anschließende M. Diese Übung hat eine große Spannweite, begegnen wir doch diesen und ähnlichen Zuständen heute immerfort. Oftmals tönt diese Tendenz nur an, ist aber deutlich und wird schließlich zum sozialen Faktor. In der einfachsten Ausführung sähe es so aus, daß wir das S mit einer Hand von oben nach unten führen, um daraufhin mit dem M in einer großen Bewegung oben-unten zu verbinden (vergleiche H – M).

Nun zum H: „Die H-Gebärde ist eine kräftige Bewegung, die von den Schulterblättern ausgeht und beide Arme auseinanderwirft. Wir wollen uns lösen vom Organischen, in das Lichtelement verströmen. Spannungen lösen sich – wie beim Lachen."
So haben wir in der Übung H – M, entgegengesetzt zum S – M, zunächst die Lösungstendenz im H und die daraufhin zurückführende, in Harmonie bringende M-Bewegung. Wir fügen also das M von oben her dem H an und führen die Arme möglichst dem Körper zu, langsam nach unten. Diese Übung bewährt sich in Situationen der inneren Lockerung, des „Abgehobenseins". Das therapeutische Prinzip ist insofern interessant, als wir im H den Prozeß im seelischen Bereich gleichsam nachvollziehen, um diesen sodann in die Harmonie des eigenen Selbst zurückzuführen – M. Bei der Übung S – M beobachteten wir das Zu-fest-Werden, Versteifen und dann die Auflösung im M.

Das G: „Das Äußere abwehren, das Innerliche zusammenhalten gibt die G-Gebärde. Wir setzen das G kräftig in den Schultern an, lassen die Bewegung durch Oberarm, Unterarm, Hände und Finger strömen. Das G ist ein Stoßlaut und führt wie alle Stoßlaute zum Geltendmachen des Inneren. Es wird die Bewegung einen Moment angehalten. Die Kräfte des oberen Menschen besiegen die Kräfte des unteren Menschen, das empfinden wir bei dieser Geste" (16).

Übung: In der Übung G – CH – I kommen wir zu folgendem Ergebnis: Im G machen wir den inneren Raum frei, in den nun das CH einströmen kann, das Sich-Erfüllen mit Geistigkeit. Jetzt erwacht in mir, wie neu geboren, der Impuls zur

Selbsterkraftung, zum Ich – im I. Als Raumform: G schräg rückwärts, CH im Stehen, I gerade nach vorn.

Zum B: Im B bilden wir die schützende Hülle. Wir umfassen etwas mit dieser Gebärde. „Wir müssen beim Üben des B darauf achten, daß der ganze Rücken mitbeteiligt ist, daß die Bewegung von rückwärts angesetzt, mit fester Gebärde nach vorn zum Abschluß gebracht wird (...) Besonders sichtbar wird das, wenn man die Übung für Rheuma gibt" (16).
Ich möchte diesen Laut hier nur kurz erwähnen, weil er uns Menschen im Grunde sehr nahesteht als „Hüllenbauer". Seelisch entbehren wir sehr oft der Hülle. Hier kann das B durchaus zu Hilfe kommen, wenn auch nur leicht unterstützend.

Ich habe hier nur eine Auswahl an Lauten gebracht, so wie sie von mir am häufigsten verwendet werden. Anschließend möchte ich aber erwähnen, wie ungemein helfend und unterstützend es sein kann, sich mit der **Evolutionsreihe** zu beschäftigen. Wir werden hier von ganz anderer Seite aus mit dem inneren Wesen und Leben der Laute vertraut gemacht. Gesundheitlich harmonisierend, die Größe dieser Dimension empfindend, das ließe sich sicher zu dieser einmaligen Folge sagen.

B	Bin im Weltenall geborgen
M	nun bemüh' ich mich allmählich
D	alle Dinge zu durchdringen
N	allem Neuen sich zu nähern
R	immer wacher mich zu regen
L	ich entfalte mich im Lichte
G	ich ergründe mich im Geiste
CH	in dem Hauche meiner Ichheit
F	in der Flamme meiner Freude
S	in der Sonne meines Seins
H	und der Himmel wird mich heilen
T	in dem Tempel rechter Tat.

Hedwig Diestel (nach mündlicher Überlieferung)

IV Die seelischen Übungen

Nun kommen wir zu den **seelischen Übungen**, die im Grunde im Zentrum unserer Betrachtung stehen. Schließlich wird der Versuch gemacht, die Hygienische Eurythmie in den **Tageslauf** einzubeziehen, was natürlich letztendlich auch das Ziel dieser Darstellung sein soll.
Mit dieser Gruppe von Übungen eröffnet Rudolf Steiner ein neues Kapitel im Heileurythmie-Kurs. Sie gehen uns hier besonders deshalb an, weil wir durch sie am stärksten mit dem hygienisch-therapeutischen Impuls konfrontiert werden. Es wurden Übungen gegeben, die jeder Mensch über lange Zeit hindurch ausführen kann. Sich innerlich damit auseinanderzusetzen bedeutet für den modernen Menschen auch ein Stück Weg zu sich selbst.
Wir wollen nun dazu übergehen, einzelne Übungen zu betrachten.

„A – Verehrung"

Diese Übung ist in mehrfacher Hinsicht interessant. Zunächst – muß man sagen – wird hier der obere Bereich, der Kopfbereich, des Menschen angesprochen. Alles was im A an innerer Kraft der Seele lebt in staunender, ehrfürchtiger Erwartung trage ich mit der A-Gebärde nach vorn, etwa in Kopfhöhe. Nun erfolgt eine leichte H-Bewegung aus den Schultern heraus – was im Anfang gar nicht einfach ist – und die Arme bewegen sich, locker geführt, am Kopf entlang sehr langsam rückwärts. Das H hat sozusagen die innere Substanz des A befreit, das heißt, in dem Zurücknehmen liegt ein sehr wesentlicher Vorgang: Die Innerlichkeit des Menschen wird unmittelbar berührt, sozusagen zurückgenommen. Die Vorwärtsbewegung verwandelt sich unter Beibehalten des A – praktisch als A – H – in die Rückwärtsbewegung, in den Bereich der Vergangenheitskräfte. Ich nehme Abschied von der Sinneswelt im Zurückgehen, aber ganz aus den Kräften der Verehrung heraus. Diese sind nun eingezogen in mein ganzes Sein! Dann schließen sich die Hände vorn wie in einem stillen Ausklang (etwa 7-10mal wiederholen). Hier ist also der Kopfbereich in erster Linie angesprochen, das heißt, die Kräfte der Verehrung strömen von diesem Pol des Menschen aus jetzt in die ganze Organisation:

Säulenkapitell in der Kirche St. Laurentius zu Erwitte

„Menschen, die wirklich richtig veranlagt sind dazu, gut verehren zu können, die werden widerstandsfähiger in ihrem Organismus. Und man kann dieser Widerstandsfähigkeit gerade durch die zuletzt angeführte eurythmische Übung zu Hilfe kommen" (Rudolf Steiner).

Aber es hat sich *A-Verehrung* auch bei Schlaflosigkeit bewährt in den Fällen, wo die Tageseindrücke stark anhaltend das Einschlafen stören. Menschen, deren Gedanken immerfort um dasselbe kreisen, werden wir mit dieser Übung bekannt machen.

„Liebe – E"

Aus der Mitte heraus wird diese Übung gestaltet, denn die Liebefähigkeit hat es mit den Herzenskräften zu tun. Das E wirkt demgegenüber als Gegenpol, als eine Kraft, die den Menschen in sich festigt. Es ist hier gleichsam ein Schwingen, ein Ausgleichsuchen zwischen den Extremen, zu beachten, ähnlich einem atmenden Prozeß.
Wir gehen folgenden Weg: *Liebe* – mit dieser Empfindung öffnen wir uns der Welt. Dr. Kirchner-Bockholt ließ uns seinerzeit in einer Art I-Charakter den Pulsschlag des Herzens hinausströmen durch die nach außen gewandten Arme und Hände. Daraufhin bewegen sich die Arme sehr langsam nach vorn, den ganzen Umkreis einbeziehend. Auf diesem Wege werden wir als Menschen beschenkt durch das Getragensein in der Welt, der wir uns liebend hingeben. Es ist ein Geben und Nehmen, was sich vollzieht. Vorn nun schließen sich die Arme kräftig zum E vor der Brust. Ein Sich-Zurückbesinnen, Sich-selbst-Behaupten, so könnte man hier diese Geste verstehen. Stärkste Polaritäten sind angesprochen, und man kann den Eindruck haben, daß der Weg der Erkraftung in der Mitte nur über das Ich gehen kann: die Kraft der Liebe über die Ich-Findung. Diese Übung wirkt sehr wohltätig wärmend und belebend auf den Kreislauf, wie man sich leicht vorstellen kann, besonders auch bei der Neigung zu kalten Händen. Es gibt sehr viele Menschen, die ihr Wesen nicht leicht jemand anderem mitteilen können, in sich verkrampft erscheinen. Diesen wie auch der anderen Gruppe, die sich nach außen verausgaben, ist diese Übung anzuraten. Wir beginnen mit einem Arm rechts wie links, je 7mal etwa, um dann mit der ganzen Übung zu beginnen, auch etwa 7-10mal.

Mir ist bewußt, daß es auch andere Fassungen gibt, was aber gar nichts ausmacht, eben nur die Lebendigkeit verdeutlicht, in der wir stehen.

„Hoffnung – U“

„Wir drücken zunächst als eurythmische Geste die Seelenstimmung des Wunsches, der Hoffnung aus. Dabei empfinden wir den unteren Organismus wie ein Gefäß. Die Beine stehen parallel, die Füße fest auf den Fersen, während die Zehen sich leicht vom Boden lösen. Die Arme bilden eine Schale. Diese Geste wird übergeführt in eine U-Bewegung. Nach einem Ruhen in der Gleichgewichtslage beginnen wir wieder mit der Hoffnungsgebärde und schließen wieder das U an. „Dies hat eine erwärmende Wirkung auf das Atmungs-System“ – so heißt es im Heileurythmie-Kurs. „Das richtige Umschalten der Stoffwechselwärme zur Blutzirkulation und Atmung über die Milztätigkeit ist hier angesprochen. Auch die Anwendung vom U bei Schlafstörungen, die ihre Ursache in einem gestörten Stoffwechsel haben, ist damit erfaßbar“ (16).

Wenn wir uns der Übung hingeben und den gewaltigen Gegensatz der Geste für Hoffnung und dem U nach unten nachvollziehen, so kommen wir zunächst in eine sehr interessante Situation: Es erhält die Hoffnung über das U eine innere Zielsicherheit, wie ein Gerüst. Mir wird ein Grund gegeben, auf dem ich stehen kann. Das U muß verhältnismäßig stark nach unten geführt werden. Dazu kommt die eigentümliche Fußhaltung, die einer halben Lösung vom Boden entspricht – wenigstens bei *Hoffnung*, im *U* stehen die Füße wieder fest geschlossen da. Das ist ein ungewöhnlicher rhythmischer Prozeß! Aber wir können nachempfinden, daß von unten herauf sehr eingreifende Kräfte mobilisiert werden, die den ganzen Menschen bis zur Atmung hin erreichen. Im U haben wir es immer mit Grenzsituationen zu tun, mit Ausstrahlungen, die bis in den Wärmeorganismus hinein wirken.

„Ja – Nein“

Diese Übung erscheint zunächst ungewöhnlich! Der ganze Mensch macht das *Ja* und *Nein* durch Aufsetzen des Fußes. Im Heileurythmie-Kurs lesen wir, daß eine Beurteilung wie diese nicht vom Kopf ausgeht, sondern tiefer im Organismus verankert ist, deshalb im *Ja* mit dem linken Bein eine Bewegung nach vorn, vor das rechte im Bogen geführt und darauf rechts rückwärts das Gleiche, das *Nein* ausdrückend. Die Übung geht so vor sich, daß zunächst einige Male *Ja* und *Nein* allein und dann im Wechsel geübt wird. Allmählich soll die Bewegung beschleunigt werden. „Das bedeutet eine sehr starke Einwirkung des Astralischen auf das Ätherische und man kann sagen, daß dadurch wiederum eine wohltätig erwärmende Wirkung auf das Atmungssystem ausgeübt wird“ (Rudolf Steiner).

„Sympathie – Antipathie“

Diese Übung muß man neben die eben geschilderte stellen, beide ergänzen sich in gewisser Weise. Hier wird die Bewegung des Aufsetzens des Vorderfußes rechts nach vorn – Sympathie, rechts nach hinten – Antipathie, zu einer betont langsamen. Zunächst einzeln mehrere Male nach vorn bzw. zurück, dann im Wechsel, wie gesagt sehr langsam.
Wir lesen dazu im Kurs: „Nun eine Willenszustimmung, also sagen wir Sympathie und Antipathie. Nun denken Sie sich, Sie machen diese Bewegung in der Tat sehr häufig hintereinander oder auch eins von beiden. Wenn Sie dieses machen – es ist dieses natürlich nur zu konstatieren durch das Anschauen –, dann ist das in einem gewissem Sinne eine Art von Heraussetzen von etwas, was man in sich trägt. Es ist eine Art von Einschlafen nämlich. Die andere Bewegung (Bejahung und Verneinung) muß schnell, diese langsam ausgeführt werden (...) und es wird dann durch eine solche Bewegung im wesentlichen die Zirkulation und Gesamtverdauung angeregt, so daß z. B. durch eine solche Bewegung die Neigung zum Aufstoßen bekämpft werden kann.“

In der Anwendung wirken sich die beiden letztgenannten Übungen so aus, daß sie verhältnismäßig schnell eingehen, das heißt, man hat ein Gefühl, daß etwas im Körper geschieht. Es ist die Basis angesprochen, auf der ich stehe und mich bewege, der Ort also meiner stärksten Willensentfaltung.
Rudolf Treichler schildert diese Zusammenhänge in dem Büchlein „Freiheit erüben“ auf S. 128 so: „Aber auch durch sein eigenes Leben hat das Urteilen eine Beziehung zur fühlenden Mitte, in der Denken und Wollen zusammenfinden. Es hat außer dem bewegenden Willen selbst tastendes, sich überzeugendes Gefühl in sich. In vielfacher Hinsicht hilft es so – wie die Empfindung selbst – dem Leben der bedrohten Mitte, dem Ringen des Ich um Gleichgewicht zwischen den Polen, um Überwindung der Spaltungstendenzen im Empfindungsleib.“
Generell führt Rudolf Steiner im Kurs zu dieser Gruppe von Übungen folgendes aus: „Überhaupt muß man das durchaus festhalten, daß das, was wir heute für Urteil, Willensäußerung, Hoffnung, Liebe angeführt haben, daß das in der Tat sich so zum Menschen stellt, daß der Mensch dadurch im Innersten seines organischen Wesens ergriffen wird und auf dem Umwege durch den Ätherleib tatsächlich die Möglichkeit bekommt, überhaupt diesen Ätherleib zu einem brauchbaren Patron zu machen.“
Zu den seelischen Übungen wird auch das „rhythmische R“ gerechnet, was wir oben schon besprachen, wie auch noch einige andere Übungen, die ich aber hier nicht einführen möchte.

Von den heilenden Kräften

Wenn wir nun das Leben des Menschen betrachten, können wir sagen, daß den krank machenden Einflüssen des Tages die gesund machenden Kräfte der Nacht gegenüberstehen. Es handelt sich also um ein tägliches **Heilen** des auf der Erde lebenden Menschen. Was aber heißt eigentlich „heilen?“ Die Bedeutung der Heil-Worte in vielen Sprachen ist immer die gleiche, es bedeutet „**ganz**". Und das Ganze ist eben das Heile. Fritz Götte führte einmal aus, daß man in früheren Zeiten noch allgemein dieses Heils- und Ganzheitsbedürfnis des Menschen kannte und so hatte man als Gruß im Sich-Begegnen „Ich wünsche dir Heil!", was eben Ganzheit oder Gesundheit bedeutet. „Was heißt es nun, wenn gesagt wird, daß der Mensch selber wieder heil werden muß? Es heißt: den niederen in seinen Lebensäußerungen erfahrbaren Menschen mit seinem höheren Menschen zusammenzuführen, damit dieser jenen aus dem Geiste durchleuchte und durchkläre (...) Friedrich Schiller hat zweifellos eine Entwicklung, das Beschreiten eines Weges für möglich und für notwendig gehalten, als er sagte: ‚Jeder individuelle Mensch, kann man sagen, trägt der Anlage und Bestimmung nach einen reinen idealischen Menschen in sich, mit dessen unveränderlicher Einheit in allen seinen Abwechslungen übereinzustimmen, die große Aufgabe seines Daseins ist'" (Briefe über die ästhetische Erziehung des Menschen, vierter Brief).

Übungen für den Morgen und den Abend

Der Tag beginnt mit dem Aufgang der Sonne, der lebenspendenden, die Dunkelheit überwindenden Weltenkraft. Des Menschen Ich, sonnenverwandt, ausstrahlend, uns ganz durchdringend, hat hier auf Erden seinen Wohnsitz aufgeschlagen. Aus den Augen eines jeden Menschen schaut uns jene verborgene Welt an, die Welt seines Ich. Des Nachts, wenn wir schlafen, lebt dieses höchste Glied des Menschen mit seiner Seele in der geistigen Welt und zieht des Morgens wieder in den irdischen Leib ein. In wundersamem Wechsel – wie ein großes Ein- und Ausatmen – vollzieht sich tagtäglich die Erneuerung durch den Schlaf.

Dies mußte vorangestellt werden, damit das Folgende verständlich wird. Wenn Eurythmie eine Lebenshilfe sein kann, dann wird sie schwerpunktmäßig sich in die Morgen- und Abendkräfte einschalten. Am hellen Morgen, dem Anbruch des Tages, sowie beim

Abklingen zur Nacht hin, des Abends. An dieser Stelle sei erwähnt, wie bedeutsam für unser inneres Leben diese ausgesparten Momente sind, die Zeiten des Übergangs, am Morgen wie am Abend. Dazwischen spannt sich das bunte Tagesleben aus mit all seiner Unruhe und dem vielen Wechsel. Die Hygienische Eurythmie hat hier auch ihren entscheidenden Ansatz: im Abschiednehmen vom Tage wie auch im Neubeginn. Rudolf Treichler hat einmal folgende Gedanken dazu geäußert: „Zum Wesen des Ich, insbesondere des höheren Ich, gehört auch der Wille zur *Entwicklung*. Schlafen und Wachen dienen nicht nur der Tätigkeit im irdischen und der Erkraftung im kosmischen Sein. Das höhere Ich strebt durch jeden 24-Stunden-Rhythmus einen kleinen Fortschritt in der seelischen Entwicklung an. Was am Abend bedacht, durch die Nacht bewegt wurde, das sollte am Morgen so den Willen impulsieren, daß der Mensch in irgend einer Hinsicht während des Tages ein Stück weiterkommt. Sicher wird hier der fortschreitende Rhythmus oft durchbrochen, und sicher kommt es auch zu Rückschritten. Um so stärker jedoch kann danach die Gewissensstimme des höheren Ich erklingen."

Wir wollen nun in dem Folgenden uns ein wenig einfühlen in die kurze Zeitspanne, die uns beim Übergang zur Verfügung steht.

Beginnen wir mit dem **Morgen**: Es ist die Verwandtschaft schon angeklungen, welche zwischen dem Ich des Menschen und der Sonne besteht. So wird die I-Gebärde in der Frühe sehr wohl ihren Platz haben, wie aber auch das A, der Laut, welcher uns aus der Nacht in den Tag hinein begleitet. Dem Sich-wieder-Eingliedern des Menschen in seinen Leib entspricht die E-Geste. A – E – I ist die inkarnierende Reihe. Nun wird das Vorgehen im einzelnen sich individuell gestalten. Es gibt Menschen, die sofort mit dem I beginnen wollen, andere lieben das A in seiner Rückwärtsbezogenheit, den Laut des Anfangs. Es ist auch die Folge A – E – A denkbar, wobei das zweite A nach unten zu nehmen ist, den Körper erfüllend mit dem Segen der Nacht. Das Getragensein durch die Kräfte des Vokalischen hat etwas ungemein innerlich Belebendes, Stärkendes. Die Seele lebt auf, findet die Initiative für den Tag.

Auch im Liegen, im Bett, lassen sich Laute eurythmisieren. Das ist besonders wirksam direkt nach dem ersten Aufwachen. Ich kann auch einen anderen Weg beschreiten: Wir lassen das I, klein beginnend, langsam wachsen. Wenn es voll ausgebildet ist, führen wir das I einmal ganz herum durch alle Weltzonen, uns selbst im Mittelpunkt empfindend, um daraufhin ein M anzuschließen, langsam von oben nach unten geführt. Jetzt folgt ein L, das dann übergeht in ein A nach unten. Das M ist der Laut des Sich-Einfühlens, L hat einen verlebendigenden Charakter, das A nach unten zum Schluß führt zum Menschen hin. Wie gesagt, es wird viele Möglichkeiten geben, es ist ja das Schöne, daß es das im Leben- digen immer gibt!

Ein Weg wäre auch die Evolutionsreihe. Mit dem B komme ich aus dem Umhütet-Sein der Nacht und trete mit dem M behutsam in die Außenwelt ein, die ich mit dem D erreiche usw. Ein anderes ist das Fußfassen, das Schreiten. Hier denke ich an die ersten oben angegebenen Übungen. Für die Menschen, die früh sich sehr kurz fassen müssen, kann auch schon die Bewegung des *Ich in mir* genügen (siehe S. 30).

Des **Abends** liegen die Verhältnisse ganz anders, und doch werden wir das A wiederfinden. Es schließt sich ein Kreis. In unsere geistige Heimat tauchen wir mit dem A ein. Auch „*A – Verehrung*“ hat sich bei Einschlafstörungen bewährt bei Menschen, die kopfmäßig stark überlastet waren. Diese Übung macht den Kopf einfach frei.

Das Halleluja gab Dr. Treichler bei Menschen, die es seelisch besonders schwer haben und die geistige Sphäre der Nacht unmittelbar suchen. Etwas Großes, Heilsames geht von diesem Worte aus!

Das U gehört zu den Übungen am Abend, denn es ist der Laut der Exkarnation. „Ich bin auf dem Wege zum Geiste, zu mir“ (aus: „Ich denke die Rede“). Auch die ausatmende Folge A – O – U – M würde abends gut passen.

Nun möchte ich an dieser Stelle einmal etwas erschöpfender auf den Laut U eingehen, um den Blick zu erweitern und dessen Anwendung verständlich zu machen.
Das U ist nicht im eigentlichen Sinne der Laut der Dunkelheit, wie es scheinen mag, sondern im Umgang mit diesem Laut lernen wir erkennen, daß wir bis zu dem Festen in uns, dem Skelett, unser Menschsein tragen müssen. Der Mensch erneuert sich immer wieder im Blut, das im Knochenmark seinen Ursprung hat. Ernst Moll führt zu dem U folgendes aus: „Ein tiefes Geheimnis, letztendlich des Todes, liegt im U beschlossen. Sagen wir U, so ist das eben ein deutliches Herausgehen mit der Seele aus dem Leibe. Das U ist der Laut, wo die menschliche Seele in Zusammenhang kommt mit demjenigen, was überirdisches Geschehen außer ihr ist. Die mystische Vereinigung mit dem Göttlichen wird im U erlebt. Beides ist U, das Grab und die Erweckung. Daß wir eigentlich immer aufwachen möchten, bedeutet das U (...) Mit dem U ist der Stierlaut R verbunden. Die selige Ruhe in der Dauer ist das U; wo es übergeht in die Bewegung, ist das R, da ist der Ursprung, der Urbeginn, der Uranfang“ (3).
Wenn wir einmal das Bild eines solchen Lautes tief innerlich nachzuerleben suchen, dann weitet sich unser Blick darüber hinaus. Wir möchten hinzufügen, wie ja im Kopf immerzu das Aufwacherlebnis stattfinden muß und wie wir im Alter dazu neigen, der Schläfrigkeit zu verfallen, der Alterserstarrung, der Sklerose. Aber wir müssen einige Schritte vorher zurücklegen, bis wir das U als solches üben können. Der Weg führt über die Erkraftung des Ich: Das I, die Ich-Linie, aber auch über das M und L – M. Rudolf Steiner nennt es einmal so: „Denn die Schöpfung des Verstandes ist mit der Tätigkeit der Sonne verwandt. Das Aufgehen des Verstandes in der Menschennatur ist das Aufleuchten einer inneren Sonne. Dies ist nicht nur im bildlichen Sinne, sondern ganz im wirklichen Sinne gesprochen.“ Tief verborgen im U liegt die Auferstehung im Licht.
Oder wir erinnern uns für die Nacht an das schöne Gedicht von Christian Morgenstern:

„O Nacht, du Sternenbronnen,
ich bade Leib und Geist
in deinen tausend Sonnen –
O Nacht, die mich umfleußt
mit Offenbarungswonnen,
ergib mir, was du weißt!
O Nacht, du tiefer Bronnen ...“

Übungen am Tage

Der Tag gleicht einem Vorwärtsschreiten. Stetes Wollen lebt in ihm. So denken wir eurythmisch an das dreiteilige Schreiten, eventuell zu dem schönen Text von Ida Duwan-Nater:

Zum Tagwerk ich schreite
Die Nachtwelt begleite
Segnend den Schritt.

Zum Bruder ich wende
Helfend die Hände
Mit offenem Blick.

Im Herzen ich trage
Was Nächte, was Tage
Mir heilsam geschickt.

In dem Schreiten wird die Kontinuität, die Dauer erlebbar, der ewige Neubeginn.

Eine weitere Übung, um die Konzentration zu finden, könnte so aussehen:

L – G – S – T –U

Dabei steht die formende Kraft des S und das schöpferische T in der Mitte. Das U als Ausklang führt mich zur Geschlossenheit hin. Das L bildet den lebensvollen Beginn. Das G öffnet den Weg,

macht das Innere frei, so daß ich auf das S zugehen kann. Natürlich sind viele ähnliche Übungen denkbar.
Eine Übung, um mit ***Entscheidungssituationen*** besser fertig zu werden, kann man sich so denken (das I soll hier vor allem angesprochen werden): Wir sammeln uns zunächst ganz still. Die Hände sind vorn übereinandergelegt. Wir lassen die Ruhekräfte vom Kopf her in uns einströmen. Nun folgen kleine H, aus der Mitte nach vorn ganz bis die Fingerspitzen hinein. Wir lassen sie wachsen und führen daraufhin das H zum I hin. Jetzt gehen wir drei Schritte rückwärts, aber so, daß das I in uns nachwirkt. Es folgt die Ich-Linie mit I und CH. Wir schließen mit L, das wir in ein I überführen.
Gegen Mittag, dem Höhepunkt des Sonnenstandes, muß ich am stärksten um die Wachheit im Inneren kämpfen. Die von Rudolf Steiner gegebene *anregende* Reihe (siehe S. 33) kann zu diesem Zeitpunkt ein Hilfe sein:

L – M – N – P – Q.

Die entsprechende Folge mit einer mehr beruhigenden und lösenden Wirkung

D – F – G – K – H

wird zu anderer Zeit ihren Platz finden.

Nun möchte ich auf eine Grundübung zu sprechen kommen, mit der man zu jeder Tageszeit gut umgehen kann:

„Ich denke die Rede"

Sie wurde gegeben als ein Weg, sich gut in das Eurythmische hineinzufinden. „Außerdem gehört diese Übung unter die die Seele harmonisierenden, heileurythmischen Gebärden" (Rudolf Steiner). Sie gehört also durchaus in unseren Zusammenhang. Im Wortlaut heißt es:

Ich denke die Rede
Ich rede
Ich habe geredet
Ich suche mich im Geiste
Ich fühle mich in mir
Ich bin auf dem Wege zum Geiste (zu mir).

Wie eine Stellung aus der anderen hervorgeht, darauf kommt es in dieser Übung an. Das Oben und Unten, die Arm- und Beinbewegungen klingen zusammen. Wie ein großer Atem wird diese Übung empfunden als ein Schritt in die nichträumliche Sphäre. Am schönsten ist es, diese Übung mit anderen gemeinsam auszuführen, aber auch allein hat sie eine sehr starke Wirkung.
Die Stellungen im einzelnen anzugeben, darauf wurde hier verzichtet.
Und nun eine **Herz-Kreislaufübung**, deren Text von Rudolf Steiner stammt. Es kommt vor allem darauf an, die Bewegung des Strömens richtig zu erfassen. Wir wollen mit dieser Übung in erster Linie den Kreislauf ansprechen:

„Die Wärme der Sonne
sammle ich in meinem Herzen
und lasse sie strömen
durch alle meine Glieder."
(R. Steiner)

Diese Zeilen fand ich unter den esoterischen Schriften Rudolf Steiners. Sie stellen eine wunderschöne Hilfe in der Eurythmie dar, um den mittleren Menschen zu kräftigen.

Zum Schluß möchte ich noch einen urpersischen Spruch erwähnen, in zeitgemäßer Übersetzung:

Trage die Sonne auf die Erde.
Du, Mensch, bist zwischen
Licht und Finsternis gestellt.
Sei ein Kämpfer des Lichts!
Liebe die Erde.
In einen leuchtenden Edelstein
verwandle die Pflanzen,
verwandle die Tiere,
verwandle dich selbst.

Er fügt sich dem Inhalte nach gut ein in das, was mit der Eurythmie angestrebt wird.

Ich möchte am Ende meiner Darstellung noch zum Ausdruck bringen, daß es schon eine ganze Reihe von Menschen gibt, die sich täglich übend mit der Eurythmie befassen, auch und vor allem deshalb, um den Schwierigkeiten des Tages besser gewachsen zu sein.
So möchte ich abschließend sagen, daß es sehr schön ist, auf Entdeckungsreisen zu gehen. Überall wird es liebevolle Helfer geben. Denn es ist schwer, geduldig über längere Zeit bei einem Übungsduktus zu bleiben. Ohne Ausdauer wird man nicht zum Ziele kommen, und dieses heißt: „Verwandle dich selbst“.

Schlußbemerkung

Wir sind in dieser Skizze in erster Linie den Weg der Ich-Findung gegangen, der das Bestreben hat, den inneren Menschen aufzurichten, der das Gleichgewicht herzustellen sucht zwischen den aufbauenden und den abbauenden Kräften. „Ist irgendwie nach der einen oder anderen Richtung, nach der Richtung des Aufbaues oder nach der des Abbaues, das Gleichgewicht der Organe gestört, dann hat man es zu tun mit irgend etwas Krankhaften im menschlichen Organismus“ (Rudolf Steiner). Natürlich gibt es

Übergänge, und viele Menschen fühlen sich oftmals einfach nicht wohl, wissen auch nicht, woher es kommt. Aber gerade hier kann der Umgang mit Eurythmie sehr viel bewirken! Von einer Tatsache ist vor allem zu berichten: Der Altersprozeß wird verwandelt. Bis ins hohe Alter hinein bleiben Menschen sehr leistungsfähig, die täglich mit dieser von Grund auf belebenden Kunst umgehen.
So sollte diese Studie, wie eingangs schon erwähnt, nichts anderes als eine Anregung darstellen, um eine Hilfe im Alltag zu sein. Da es immer schwerer zu werden scheint, die Anforderungen des Tages zu bewältigen, wird eventuell doch der eine oder andere diese neue Kunst aufgreifen wollen.
Schließlich möchte ich allen Freunden danken, mit denen ich zusammenarbeiten durfte im Austausch, mit dem gleichen Ziel.

Nachtrag zur fünften Auflage

Es sei noch eine Übung beschrieben, die sich in letzter Zeit sehr bewährt hat:

Übung: Wir führen die Arme seitlich am Körper hinunter und verstärken damit die Empfindung des Stehens in der **Senkrechten**. Daraufhin erfolgt eine Bewegung vorn nach oben weit über den Kopf hinaus in die Horizontale mit der Handfläche nach oben, um schließlich wieder zur Mitte zurückzukehren.

Wir können uns viele ähnliche Übungen vorstellen, die die Dreiheit des menschlichen Organismus ansprechen. Immer werden wir auf das Erlebnis der Mitte hinverwiesen, wo die Armbewegung ihren Ausgangspunkt hat. So bietet sich ganz von selbst an, ein Öffnen und Schließen der Arme in der Horizontalen mit den Handflächen nach vorn. Wie ein großer Atemzug geht es durch unseren Körper bei dieser Bewegung.

Wir müssen uns darüber klar sein, daß es das Herz ist, das hinter den Bewegungen steht und ihnen den inneren Ausdruck verleiht. Damit erhebt sich die Eurythmie zu einer umfassenden Bewegungsgestalt, die ganz aus dem Menschen herauswächst. Tief beglückend dürfen wir diese Prozesse nachvollziehen.
In den **Beinbewegungen** liegt eine ganz andere Gesetzmäßigkeit. Diese vollziehen sich über die Schwere- und Leichte-Kräfte, welche hier den Duktus bestimmen. Die Knie sind das „Zünglein an der Waage" im Auf und Ab der Bewegungen. Nach jeder Beugung kehren sie zur Senkrechten zurück und bringen damit den ganzen Organismus in die Qualität der **Aufrechte**. Wie verdanken den Knien das Gefühl des Getragenseins, das sich mit jedem Schritt immer wieder neu zu bilden vermag.

Der Mensch im Gleichgewicht

Es gibt die Möglichkeit, sich die Grundhaltung von Geist und Seele zum Körper zu erarbeiten. Es ist eine atmende Bewegung, welche uns hier begleitet. Immer sind wir ja gefordert, die Mitte zwischen den Extremen zu suchen, das Entfernte zu verbinden. Die einfachste Bewegung dieser Art haben wir eben schon kennengelernt: Das Öffnen und Schließen der Arme. Eine sehr wesentliche ist die folgende: Die eine Armbewegung beginnt über dem Kopf und bewegt sich nach unten – dicht am Körper, die andere kommt ihr von unten her entgegen. Sie gehen etwa in Herzhöhe aneinander vorbei. Diese Übung ist insofern interessant, weil wir uns als Menschen hier aufs stärkste angesprochen fühlen. Sind es doch die Kopfkräfte, welche von oben her den ganzen Körper durchdringen, wie auch die kreativen, von unten her aufsteigenden Welten, welche in uns das Lebendige ausmachen. Wir leben immer in und mit diesen beiden Kräfteströmungen, und es wirkt ungemein harmonisierend, mit jenen auf diese Weise in Einklang zu kommen. Halten wir die gestreckten Arme in einer Auf- und Abwärtsbewegung vorn in der Waage, tritt das Ähnliche ein. Im Rechts-Links-Erleben gestaltet sich der Ausgleich in der Mitte. Legen wir diesen eine Etage tiefer in den Bereich der Knie, dann sieht die Übung so aus: Ein Bein steht vorn, und die Arme schwingen nun in der Gegenrichtung hin und zurück, so daß die Hände immer einander zugewandt sind, bei einer leichten Beugung der Knie. Sehr rhythmisch kann sich auch diese Übung gestalten.

Zusammenfassend sei noch einmal erwähnt, daß nichts im Körper in seiner Einseitigkeit verharren kann. Immer klingt die Korrespondenz an, den Ausgleich anstrebend. Der Mensch in seiner ungeheuren Vielfalt ist hier angesprochen und hinter dem Wort „Gleichgewicht" verbirgt sich die Summe aller nur denkbaren Lebensprozesse, die nicht in unser Bewußtsein treten.

Auch Krankheit und Heilung sind vor diesem Hintergrund zu verstehen.

Wer sich intensiver noch mit den eurythmischen Lauten befassen will, dem ist anzuraten, sich den umfassenden: Band „Rudolf Steiners eurythmische Lautlehre" zuzulegen, der kürzlich erschienen ist[2]. Daraus ein Beispiel aus dem Jahre 1912 in der Unterweisung an L. Maier-Smits. Da heißt es auf Seite 224 zu dem Laut „I":

„Stellen Sie sich aufrecht hin, und versuchen Sie eine Säule zu empfinden, deren Fußpunkt der Ballen Ihrer Füße und deren Kopfpunkt Ihr eigener Kopf, Ihre Stirne ist. Und diese Säule, diese Aufrechte, lernen Sie empfinden als «I». Während ich mich noch bemühte, rief er noch einmal stark betonend dazwischen: «Das Gewicht ruht auf dem Ballen, nicht auf dem ganzen Fuß!» Dann gelang es besser und führte zu einem ganz starken Erleben, besonders im Gegensatz zu dem ersten, mißglückten Versuch."

Dies sei nur als kleines Beispiel aus dem hochinteressanten Buch angeführt.

---

[2] Verlag Freies Geistesleben

Elisabeth Baumann schließt ihre sehr wertvollen Betrachtungen zur Praxis der Heil-Eurythmie (15) mit folgenden Worten, die wie ein Leitstern vor uns aufleuchten können:

„Eurythmie ist so voll und ganz aus dem Bedürfnis und aus der Sehnsucht des modernen Menschen heraus entstanden, daß sie ihm Begleiterin sein kann durchs ganze Leben hindurch, mitschwingend bis in die feinsten Tiefen des individuellen Seelenlebens und diese anknüpfend durch das Instrument des bewegten Menschenleibes an vorgeburtliches und nachtodliches Dasein."

Ich lobe den Tanz

Ich lobe den Tanz,
denn er befreit den Menschen
von der Schwere der Dinge,
bindet den Vereinzelten
zu Gemeinschaft.

Ich lobe den Tanz,
der alles fordert und fördert,
Gesundheit und klaren Geist
und eine beschwingte Seele.

Tanz ist Verwandlung
des Raumes, der Zeit, des Menschen,
der dauernd in Gefahr ist
zu zerfallen, ganz Hirn,
Wille oder Gefühl zu werden.

Der Tanz dagegen fordert
den ganzen Menschen,
der in seiner Mitte verankert ist,
der nicht besessen ist
von den Begehrlichkeiten
nach Menschen und Dingen
und von der Dämonie
der Verlassenheit im eigenen Ich.

Der Tanz fordert
den befreiten, den schwingenden Menschen
im Gleichgewicht aller Kräfte.

Ich lobe den Tanz.

O Mensch lerne tanzen,
sonst wissen die Engel
im Himmel mit dir
nichts anzufangen.

Augustinus (354-430)

Literaturangabe

1) Magdalene Siegloch: Lory Maier-Smits; Dornach 1993
2) Rudolf Steiner: Eurythmie als sichtbare Sprache; Dornach 1924
3) Ernst Moll: Sprache der Laute; Stuttgart 1968
4) Rudolf Steiner: Die inneren Erlebnisse der sogenannten Toten;
GA 174 b, 23. 11. 1915
5) Armin Husemann: Der musikalische Bau des Menschen; Stuttgart 1989
6) Ilse Horny: Eurythmie – die heilende Bewegungskunst; Soziale Hygiene / Merkblatt zur Gesundheitspflege im persönlichen und sozialen Leben; Bad Liebenzell 1982
7) Rudolf Steiner: Erziehungskunst. Methodisch-Didaktisches; GA 294
8) Rudolf Steiner: Das Vaterunser; GA 148
9) Rudolf Steiner: Eurythmie die neue Bewegungskunst der Gegenwart; GA 10. Juni 1923
10) Magdalene Siegloch: Eurythmie, eine Einführung; Stuttgart 1990
11) Fritz Götte: Hygienischer Okkultismus; in: Mitteilungen aus der Anthroposophischen Gesellschaft in Deutschland Nr. 67, Ostern 1964
12) Martha Morell: Anregungen zur Gestaltung der eurythmischen Arbeit; Dornach 1985
13) F. W. Zeylmans van Emmichhoven: Die menschliche Seele; Basel 1953
14) Freiheit erüben; Stuttgart 1988
15) Elisabeth Baumann: Aus der Praxis der Heil-Eurythmie; Dornach 1971
16) Margarete Kirchner-Bockholt: Grundelemente der Heil-Eurythmie; Dornach 1962
17) Rudolf Treichler: Schlafen und Wachen; Stuttgart 1985

Verlag Ch. Möllmann

Ursula Steinke: Lesebuch Heileurythmie

Aufzeichnungen aus der Praxis für Patienten, Ärzte, Therapeuten

In vielen kurzen und längeren Aufsätzen wird die Heileurythmie von verschiedenen Gesichtspunkten aus in den Mittelpunkt der Betrachtung gestellt. Aus der Praxis werden Anhand konkreter Beispiele mit vielen Übungen die Wirkungen Therapie geschildert. Ausflüge in die Kunst- und Mysteriengeschichte runden das Buch zu einer wertvollen Quelle für an Heileurythmie Interessierte ab.

Klaus Höller: Menschenkundliche Grundlagen der Tonheileurythmie aufgrund von Goethes Tonlehre und der Ätherlehre Rudolf Steiners

Es werden, ausgehend von Goethes Aufzeichnungen zur Tonlehre und aufgrund der Menschenkunde Rudolf Steiners, die übersinnlichen Kräfte des Musikalischen dargestellt. Ferner wird beschrieben, wie diese Kräfte beim Hören von Musik die Wesensglieder und deren Bereiche in verschiedener Weise ergreifen und deren Tätigkeit verändern. Aus diesem Wechselspiel von Ton und Organismus ergeben sich dann die verschiedenen musikalischen Erlebnisse wie Takt, Rhythmus, Harmonie, Melos usw. Es zeigt sich, daß die toneurythmischen Gebärden aus diesen, von der Musik veränderten Wesensgliedertätigkeit entstehen.

Diese Darstellung kommt dem wachsenden Interesse an einer therapeutischen Toneurythmie entgegen und gibt Eurythmisten, Musikern und Musiktherapeuten menschenkundliche Hintergründe für ihre Arbeit.

Martin Burckhardt: Eurythmie – sichtbare Sprache

Über den allgemeinen Sinn der Eurythmiegebärde und ihren physiologischen Zusammenhang mit der Sprache. Ihre Bedeutung in der Pädagogik

Viele Menschen wollen heute nicht nur sehen und fühlen, sondern auch verstehen, was Eurythmie ist. Der Autor, Diplom-Eurythmist mit grundständiger Waldorflehrerausbildung, möchte in dieser Darstellung Anregungen für das erkenntnismäßige Durchdringen der Eurythmie als „sichtbare Sprache" geben. Im ersten Teil wird sie in ihrem Prinzip geschildert, im zweiten Teil in ihrer Bedeutung für die Waldorfpädagogik.

Mit der Eurythmie ist dem Menschen die Möglichkeit zum unmittelbaren Wahrnehmen, Fühlen und Erkennen der göttlichen Schöpfermächte als Bildekräfte gegeben.